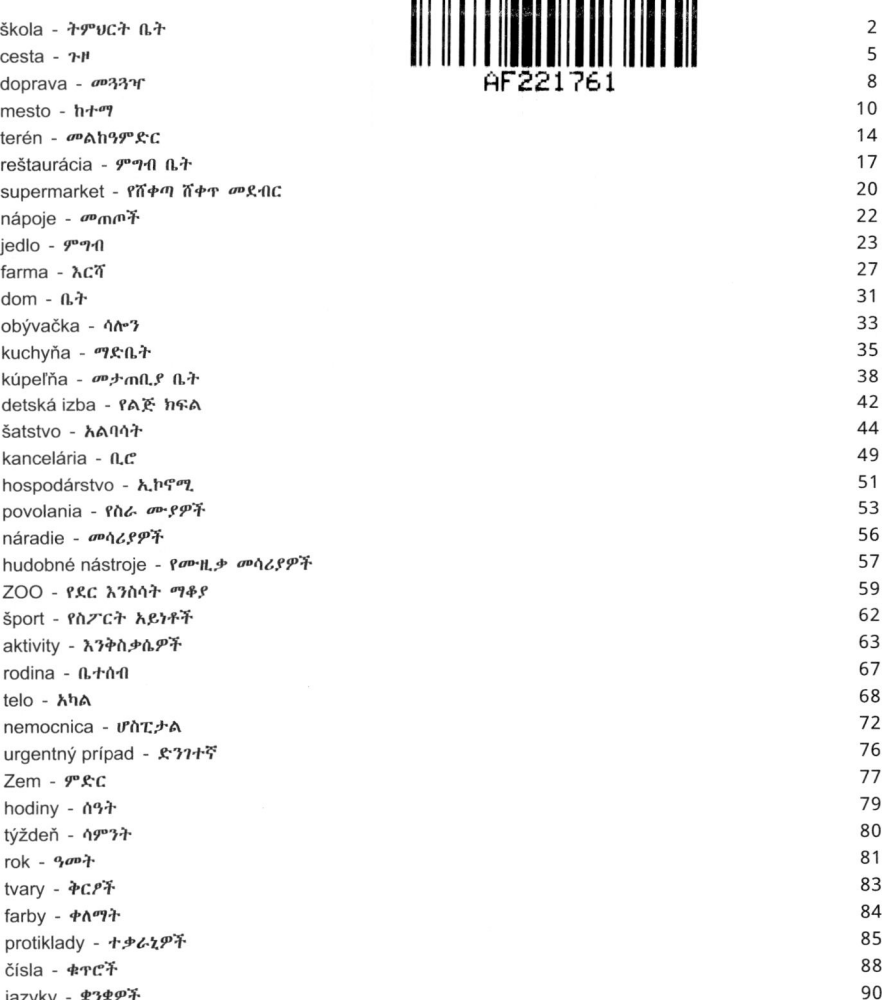

Impressum
Verlag: BABADADA GmbH, Nedderfeld 112 , 22529 Hamburg
Geschäftsführer / Verlagsleitung: Harald Hof
Druck: Books on Demand GmbH, In de Tarpen 42, 22848 Norderstedt

Imprint
Publisher: BABADADA GmbH, Nedderfeld 112 , 22529 Hamburg, Germany
Managing Director / Publishing direction: Harald Hof
Print: Books on Demand GmbH, In de Tarpen 42, 22848 Norderstedt, Germany

škola

ትምህርት ቤት

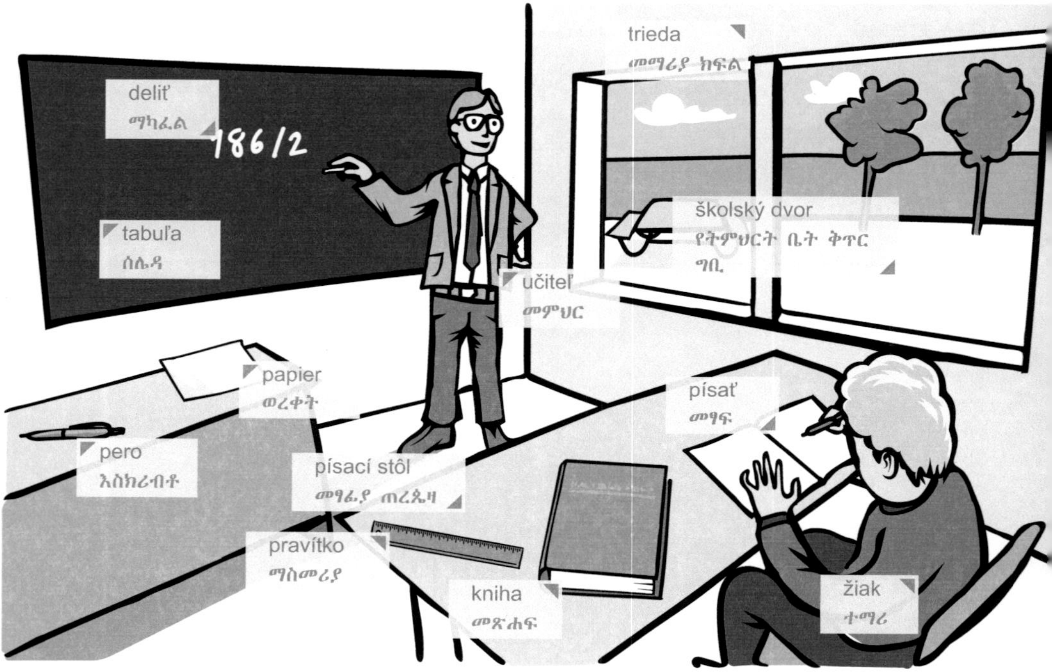

deliť
ማካፈል
186/2
tabuľa
ሰሌዳ
trieda
መማሪያ ክፍል
školský dvor
የትምህርት ቤት ቅጥር ግቢ
učiteľ
መምህር
papier
ወረቀት
písať
መፃፍ
pero
እስክሪብቶ
písací stôl
መፃፊያ ጠረጴዛ
pravítko
ማስመሪያ
kniha
መጽሐፍ
žiak
ተማሪ

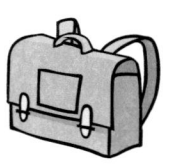

školská taška

የጀርባ ቦርሳ

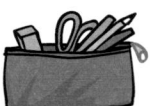

peračník

የእርሳስ መያዣ

ceruza

እርሳስ

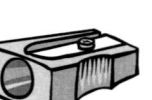

strúhadlo na ceruzky

የእርሳስ መቅረጫ

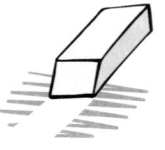

guma

ላጲስ

skicár

የስዕል ደብተር

kresba

ስዕል

štetec

የቀለም ብሩሽ

vodové farby

የቀለም ሳጥን

nožnice

መቀስ

lepidlo

ማጣበቂያ

cvičný zošit

መልመጃ ደብተር

domáca úloha

የቤት ስራ

číslo

ቁጥር

sčítať

መደመር

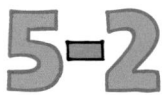

odčítať

መቀነስ

násobiť

ማባዛት

počítať

ቁጥሮችን ማስላት

písmeno

ደብዳቤ

abeceda

ፊደላት

slovo

ቃል

text

ፅሑፍ

čítať

ማንበብ

krieda

ጠመኔ

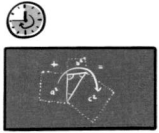

hodina

ትምህርት

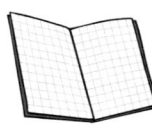

triedna kniha

ምዝገባ

skúška

ፈተና

certifikát

ሰርተፊኬት

školská uniforma

የትምህርት ቤት የደንብ ልብስ

vzdelanie

ትምህርት

encyklopédia

አዉደ ጥበብ

univerzita

ዩኒቨርስቲ

mikroskop

የምርምር አጉሊ መሳርያ

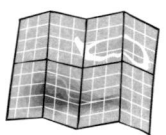

mapa

ካርታ

kôš na papier

የቆሻሻ ወረቀት መጣያ ቅርጫት

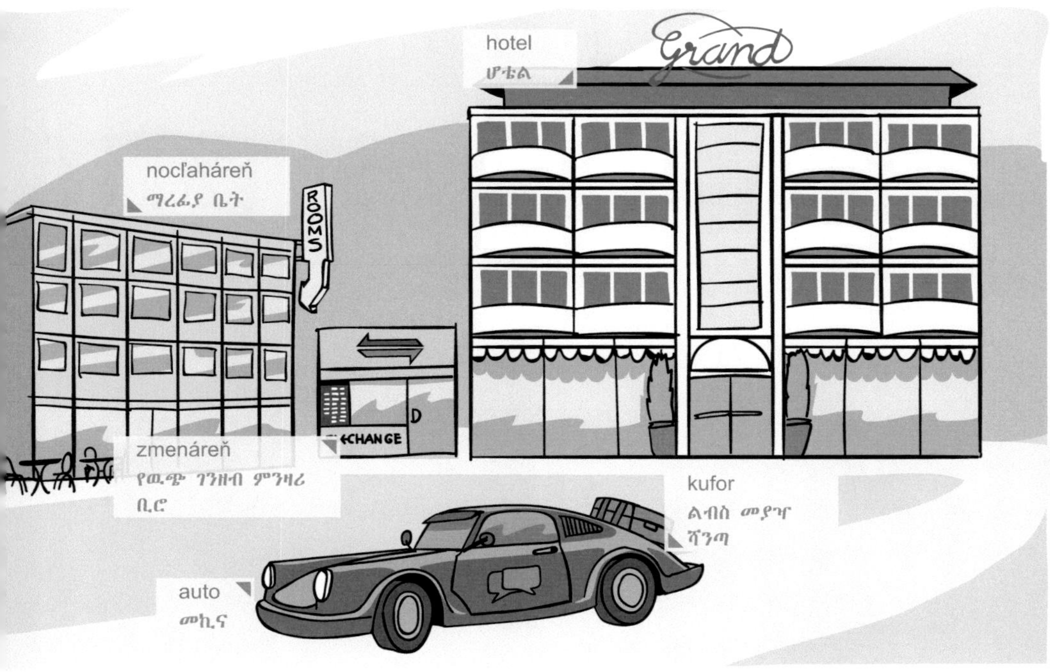

hotel
ሆቴል
Grand
nocľaháreň
ማረፊያ ቤት
ROOMS
zmenáreň
የዉጭ ገንዘብ ምንዛሪ ቢሮ
CHANGE
kufor
ልብስ መያዣ ሻንጣ
auto
መኪና

jazyk

ቋንቋ

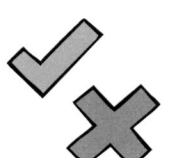

áno/nie

አዎ/ አይደለም

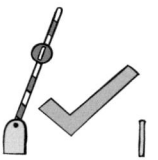

v poriadku

እሺ

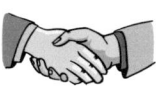

ahoj

ሰላም

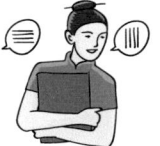

prekladateľ

አስተርጓሚ

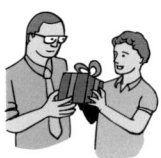

ďakujem

አመሰግናለሁ

Koľko stojí ... ?

ስንት ነዉ.......?

Nerozumiem

አልገባኝም

problém

እክል

Dobrý večer!

እንደምን አመሹ!

Dobré ráno!

እንደምን አደሩ!

Dobrú noc!

መልካም ምሽት!

Dovidenia

ደህና ይሰንብቱ

smer

አቅጣጫ

batožina

ሻንጣ

taška

ቦርሳ

batoh

የጀርባ ቦርሳ

hosť

እንግዳ

izba

ክፍል

spacák

የመተኛ ቦርሳ

stan

ድንኳን

informácie pre turistov

የጎብኚዎች መረጃ

pláž

የባህር ዳርቻ

kreditná karta

ክሬዲት ካርድ

raňajky

ቁርስ

obed

ምሳ

večera

እራት

cestovný lístok

ቲኬት

výťah

አሳንስር

poštová známka

ማህተም

hranica

ድንበር

clo

ባህሎች

veľvyslanectvo

ኤምባሲ

vízum

ቪዛ/የይለፍ ወረቀት

cestovný pas

ፓስፖርት

doprava

መጓጓዣ

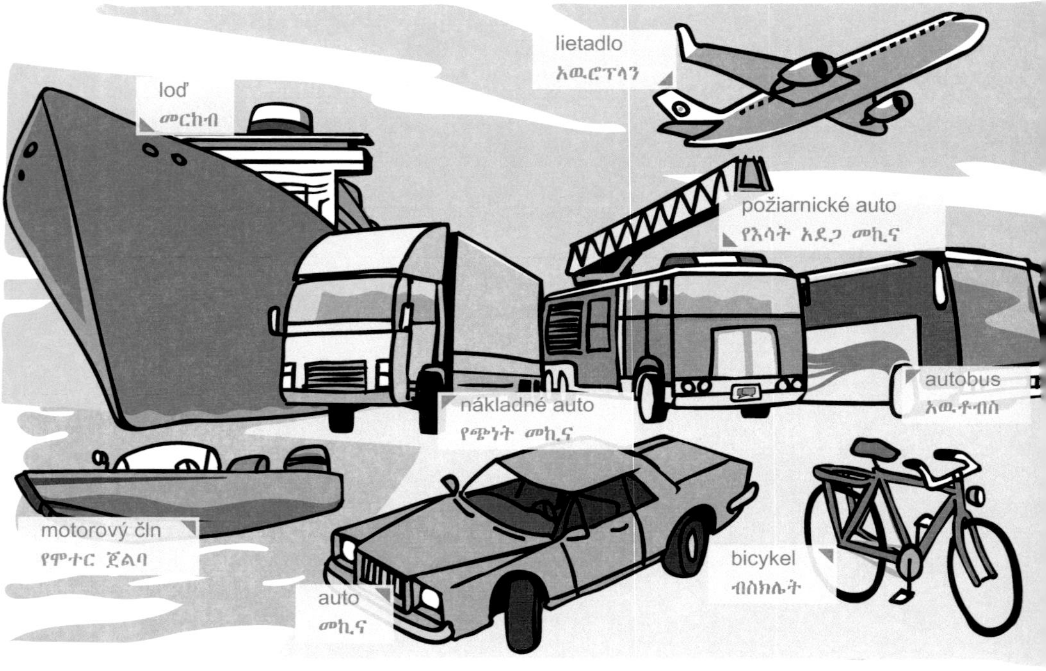

lietadlo
አዉሮፕላን
loď
መርከብ
požiarnické auto
የእሳት አደጋ መኪና
autobus
አዉቶብስ
nákladné auto
የጭነት መኪና
motorový čln
የሞተር ጀልባ
auto
መኪና
bicykel
ብስክሌት

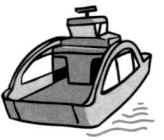

trajekt

የማመላለሻ ጀልባ

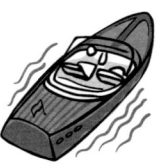

loď

ጀልባ

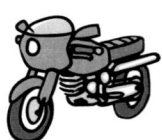

motorka

የሞተር ብስክሌት

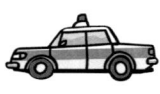

policajné auto

የፖሊስ መኪና

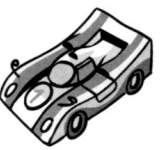

pretekárske auto

የዉድድር መኪና

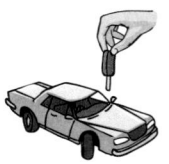

vozidlo z požičovne

የኪራይ መኪና

carsharing

የመኪና መጋራት

odťahové auto

ጎታች መኪና

smetiarske auto

የቆሻሻ ጭነት መኪና

motor

ሞተር

benzín

ነዳጅ

čerpacia stanica

የቤንዚን ማደያ

dopravná značka

የመንገድ ምልክት

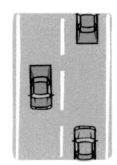

premávka

የመኪኖች እንቅስቃሴ

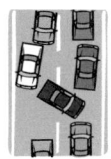

zápcha

የመኪና መጨናነቅ

parkovisko

የመኪና ማቆሚያ

vlaková stanica

የባቡር ጣቢያ

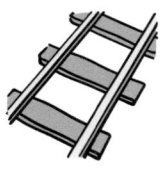

trate

የባቡር ሀዲዶች

vlak

ባቡር

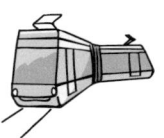

električka

የኤሌክትሪክ ባቡር

vagón

ሰረገላ

helikoptéra

ሄሊኮፕተር

letisko

አየር ማረፊያ

veža

ማማ

pasažier

መንገደኛ

kontajner

ማስቀመጫ፤ ማጠራቀሚያ

kartón

ካርቶን እቃ ማሸጊያ

vozík

ጋሪ፣ ተሳቢ

kôš

ቅርጫት

štartovať / pristáť

መነሳት/ ማረፍ

mesto

ከተማ

dedina

መንደር

centrum mesta

የከተማ ማዕከል

dom

ቤት

kino
ሲኒማ

reklama
ማስታወቂያ

pouličná lampa
የመንገድ ዳር መብራት

ulica
መንገድ

taxík
ታክሲ

stánok
የቁርስ መቆያ ሱቅ

chodec
እግረኛ

chodník
ድንጋይ የተነጠፈበት የእግረኛ
መንገድ

prechod pre chodcov
የእግረኛ መሻገሪያ

kontajner
የቆሻሻ
ማጠራቀሚያ

križovatka
ማቋረጫ

semafór
የትራፊክ
መብራቶች

chata

ጎጆ

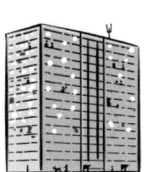

byt

አፓርታማ

vlaková stanica

የባቡር ጣቢያ

radnica

የከተማ አዳራሽ

múzeum

ቤተ መዘክር

škola

ትምህርት ቤት

univerzita

ዩኒቨርስቲ

banka

ባንክ

nemocnica

ሆስፒታል

hotel

ሆቴል

lekáreň

መድሐኒት ቤት

kancelária

ቢሮ

kníhkupectvo

መዕሐፍ መሸጫ

obchod

ሱቅ

kvetinárstvo

የአበባ መሸጫ

supermarket

የሸቀጣ ሸቀጥ መደብር

trh

ገበያ ስፍራ

obchodný dom

መደብር

obchodník s rybami

የዓሳ ነጋዴ

nákupné stredisko

የገበያ ማዕከል

prístav

ወደብ

park

መናፈሻ ቦታ

lavička

አግዳሚ ወንበር

most

ድልድይ

schody

ደረጃዎች

metro

ዉስጥ ለዉስጥ

tunel

ዋሻ

autobusová zastávka

የአዉቶቡስ ፌርማታ

bar

ባር

reštaurácia

ምግብ ቤት

poštová schránka

የፖስታ ሳጥን

tabuľa s názvom ulice

የመንገድ ምልክት

parkovacie hodiny

የመኪና ማቆሚያ ሒሳብ የሚያሰላ ማሽን

ZOO

የደር እንስሳት ማቆያ

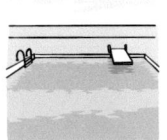

plaváreň

የመዋኛ ገንዳ

mešita

መስጊድ

farma

እርሻ

znečisťovanie životného prostredia

የሚበክል ነገር

cintorín

መቃብር ስፍራ

kostol

ቤተ ክርስቲያን

ihrisko

መጫወቻ ሜዳ

chrám

ቤተ መቅደስ

terén

መልከዓምድር

list
ቅጠል

smerová tabuľa
የመንገድ ላይ ምልክት

cesta
መንገድ

lúka
አረንጓዴ መስክ

kameň
ድንጋይ

strom
ዛፍ

turista
በእግሩ የሚጓዝ

rieka
ወንዝ

tráva
ሳር

kvet
አበባ

dolina

ሸለቆ

kopec

ኮረብታ

jazero

ሀይቅ

les

ጫካ

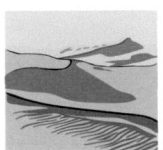

púšť

በረሃ

vulkán

እሳተ ገሞራ

zámok

ግምብ

dúha

ቀስተ ዳመና

hríb

እንጉዳይ

palma

የቴምብር ዛፍ/ ዘንባባ

komár

ቢንቢ/ የወባ ትንኝ

mucha

በራሪ

mravec

ጉንዳን

včela

ንብ

pavúk

ሸረሪት

chrobák

ጢንዚዛ

žaba

እንቁራሪት

veverička

ሽኮኮ

jež

ጃርት

zajac

ጥንቸል

sova

ጉጉት ወፍ

vták

ወፍ

labuť

የዉሃ ዳክዬ

diviak

ከርከሮ

jeleň

አጋዘን

los

አጋዘን

hrádza

ግድብ

veterná turbína

በነፋስ የሚሽከረከር

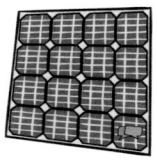

solárny panel

የፀሀይ ፓኔሎ

podnebie

አየር ንብረት

reštaurácia

ምግብ ቤት

čašník
አስተናጋጅ
jedálny lístok
ማዉጫ
stolička
ወንበር
polievka
ሾርባ
pizza
ፒዛ
príbor
መክተፊያ
obrus
የጠረጴዛ ጨርቅ

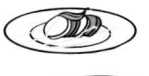

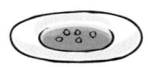

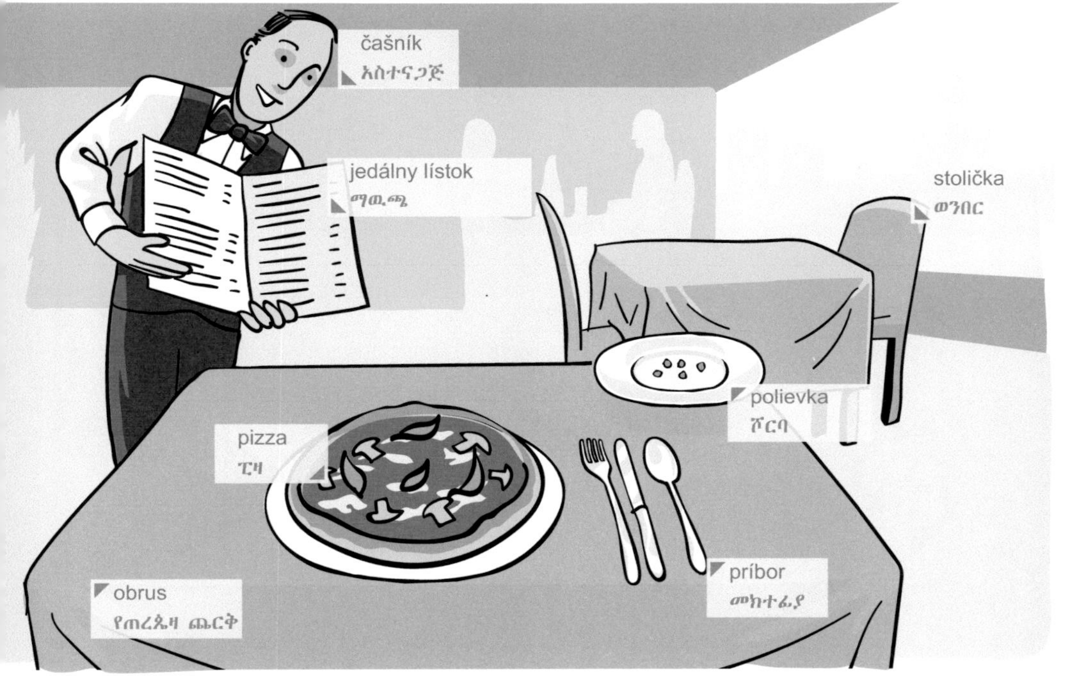

predjedlo

የምግብ ፍላጎትን የሚከፍት ምግብ

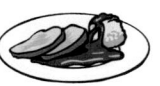

hlavné jedlo

ዋና ምግብ

zákusok

ማጣጣሚያ ተከታይ ምግብ

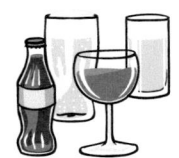

nápoje

መጠጦች

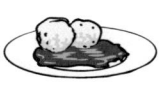

jedlo

ምግብ

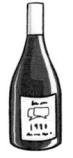

fľaša

ጠርሙስ

fast-food

ፈጣን ምግብ

street food

የመንገድ ምግብ

kanvica na čaj

የሻይ ማንቆርቆሪያ

cukornička

የስኳር እቃ

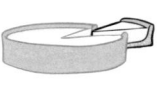

porcia

ድርሻ

stroj na espresso

የቡና ማፊያ ማሽን

detská stolička

ባለጌ ወንበር

účet

የክፍያ ደረሰኝ

podnos

ትሪ

nôž

ቢላዋ

vidlička

ሹካ

lyžica

ማንኪያ

čajová lyžička

የሻይ ማንኪያ

obrúsok

ልብስ ምግብ እንዳይነካ የሚረዳ
ጨርቅ

pohár

ብርጭቆ

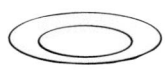

tanier

ዝርግ ሰሃን

hlboký tanier

የሾርባ ጎድጓዳ ሰሃን

podšálka

የስኒ ማስቀመጫ

omáčka

ማጣፈጫ ስጎ

soľnička

የጨዉ እቃ

mlynček na korenie

የተፈጨ ቃሪያ

ocot

ኮምጣጤ

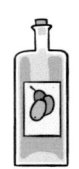

olej

የምግብ ዘይት

korenie

ቀመማ ቅመሞች

kečup

የቲማቲም ድልህ

horčica

ሰናፍጭ

majonéza

ማዮኔዝ

supermarket

የሸቀጣ ሸቀጥ መደብር

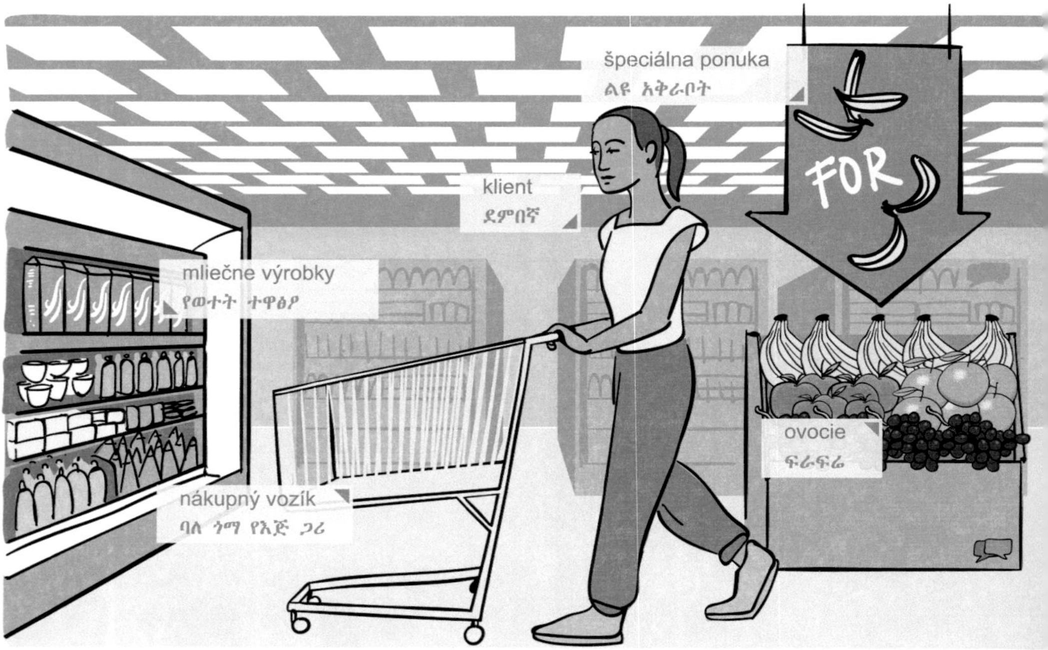

špeciálna ponuka
ልዩ አቅራቦት
FOR
klient
ደምበኛ
mliečne výrobky
የወተት ተዋፅዖ
ovocie
ፍራፍሬ
nákupný vozík
ባለ ጎማ የእጅ ጋሪ

BUTCHERS

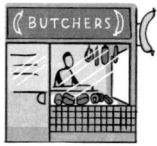

mäsiarstvo

ሉካንዳ ነጋዴ

BAKERY

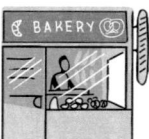

pekáreň

መጋገርያ

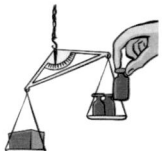

vážiť

ክብደት መመዘን

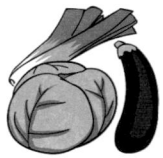

zelenina

ቅጠላ ቅጠል አትክልት

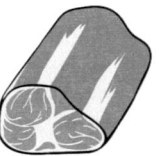

mäso

ስጋ

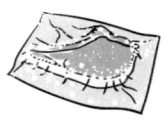

mrazené potraviny

የቀዘቀዘ/የረጋ ምግብ

nárez

ቀዝቃዛ ቁራጭ

konzervy

የታሸገ ምግብ

prací prostriedok

የማጠቢያ ዱቄት

sladkosti

ጣፋጮች

domáce potreby

የቤት ዉስጥ ዉጤቶች

čistiace prostriedky

የዕዳት ምርቶች

predavačka

የሽያጭ ባለሙያ

pokladňa

የገንዘብ መመዝበቢያ ማሽን

pokladník

የሒሳብ ሰራተኛ

nákupný zoznam

የግዢ ዝርዝር

otváracie hodiny

ክፍት ሰዓታት

peňaženka

የኪስ ቦርሳ

kreditná karta

ክሬዲት ካርድ

taška

ቦርሳ

plastové vrecko

የፕላስቲክ ቦርሳ

voda

ውሃ

džús

ጭማቂ

mlieko

ወተት

kola

ኮካ-ኮላ

víno

ወይን

pivo

ቢራ

alkohol

አልኮል

kakao

ኮካ

čaj

ሻይ

káva

ቡና

espresso

የተፈላ ቡና

kapučíno

ካፑቺኖ

banán

ሙዝ

jablko

ፖም

pomaranč

ብርቱካን

melón

ሀብሀብ

citrón

ሎሚ

mrkva

ካሮት

cesnak

ነጭ ሽንኩርት

bambus

ሻምበቆ

cibuľa

ቀይ ሽንኩርት

hríb

እንጉዳይ

orechy

ለዉዝ

rezance

የህፃናት ምግብ

špagety

ፓስታ

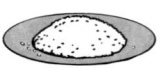

ryža

ሩዝ

šalát

ሰላጣ

hranolky

የድንች ጥብስ

pečené zemiaky

ድንች ጥብስ

pizza

ፒዛ

hamburger

ዳቦ ዉስጥ በስሱ ተጠብሶ የገባ ስጋ

obložený chlebík

ሳንድዊች

rezeň

ጥሬ ስጋ

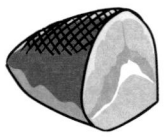

šunka

የአሳማ ስጋ

saláma

በቅመምና በጨዉ የታሽ ምግብ ቀዝቅዞ የሚበላ ሾርባ ምግብ

klobása

ቋሊማ

kurča

ዶሮ

pečené mäso

ጥብስ

ryba

አሳ

24

ovsené vločky

የአጃ ገንፎ

müsli

ከወተት ጋር ተደባልቀዉ የሚበሉ ምግቦች

kukuričné lupienky

የበቆሎ ቅርፈት

múka

ዱቄት

croissant

ኩራሳ

pečivo

ድብልብል ዳቦ

chlieb

ዳቦ

hrianka

መጥበስ

sušienky

ብስኩት

maslo

ቅቤ

tvaroh

እርጎ

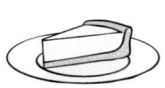

koláč

ኬክ

vajce

እንቁላል

volské oko

እንቁላል ጥብስ

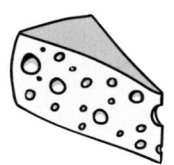

syr

አይብ

zmrzlina

የበረዶ ክሬም

cukor

ስኳር

med

ማር

lekvár

ማርማላት

nugátová nátierka

የተናጠ የወተት ክሬም

karí korenie

ማጣፈጫ

farma
እርሻ

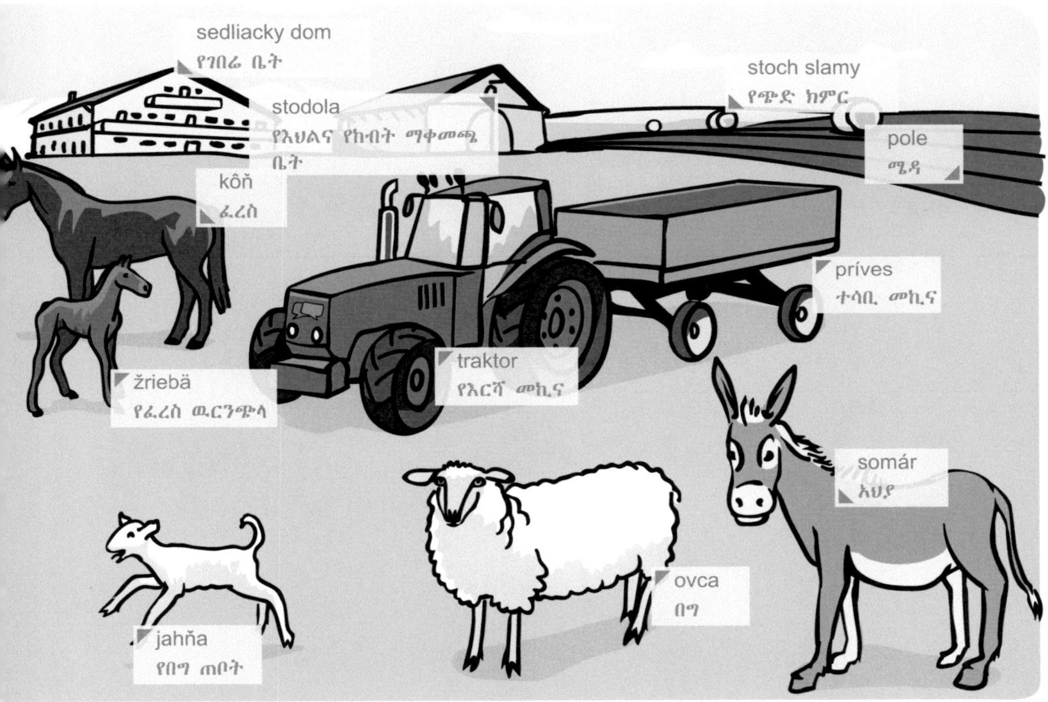
sedliacky dom
የገበሬ ቤት
stodola
የእህልና የከብት ማቀመጫ ቤት
stoch slamy
የጭድ ክምር
pole
ሜዳ
kôň
ፈረስ
príves
ተሳቢ መኪና
traktor
የእርሻ መኪና
žriebä
የፈረስ ውርንጭላ
somár
አህያ
ovca
በግ
jahňa
የበግ ጠቦት

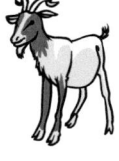

koza

ፍየል

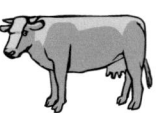

krava

ላም

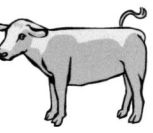

teľa

ጥጃ

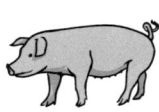

prasa

አሳማ

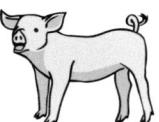

prasiatko

ግልገል አሳማ

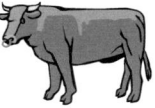

býk

ኮርማ

hus

ዝይ

kačica

ዳክዬ

kuriatko

የዶሮ ጫጩት

sliepka

ዶሮ

kohút

አውራ ዶሮ

potkan

አይጥ

mačka

ደድመት

myš

አይጥ

vôl

በሬ

pes

ውሻ

psia búda

የውሻ ቤት

záhradná hadica

የአትክልት ቦታ

krhla

ውሃ ማጠጫ ባልዲ

kosa

ረጅም ማጭድ

pluh

ማረሻ

kosák

ማጭድ

motyka

መኮትኮቻ

vidly na hnoj

የእህል መንሽ

sekera

መጥረቢያ

fúrik

ኩርኩር/ የእጅ ጋሪ

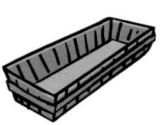

koryto

ገንዳ

kanva na mlieko

የወተት ዕቃ

vrece

ጆንያ ከረጢት

plot

አጥር

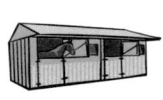

maštaľ

የፈረስ ጋጣ

skleník

ዕፅዋት ማሳደጊያ የመስታዎት
ቤት

pôda

አፈር

osivo

ዘር

hnojivo

የመሬት ማዳበሪያ

kombajn

ጥምር ማጨሻ

žať

አዝመራ መሰብሰብ

žatva

አዝመራ

batát

ድንች

pšenica

ስንዴ

sója

ሶያ

zemiak

ድንች

kukurica

በቆሎ

repka

የከብት መኖ

ovocný strom

የፍሬ ዛፍ

maniok

የካሳቫ ዛፍ

obilie

እህል

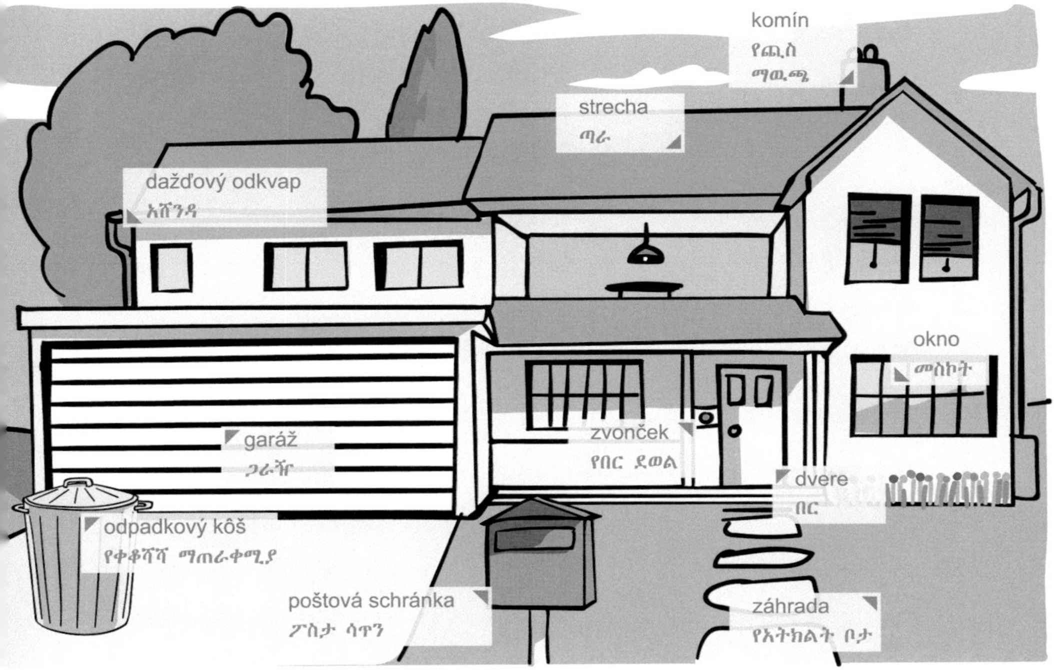

komín
የጭስ ማዉጫ

strecha
ጣራ

dažďový odkvap
አሽንዳ

okno
መስኮት

garáž
ጋራዥ

zvonček
የበር ደወል

dvere
በር

odpadkový kôš
የቀቆሻሻ ማጠራቀሚያ

poštová schránka
ፖስታ ሳጥን

záhrada
የአትክልት ቦታ

obývačka

ሳሎን

kúpeľňa

መታጠቢያ ቤት

kuchyňa

ማድቤት

spálňa

መኝታ ቤት

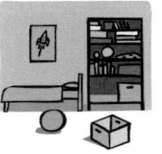

detská izba

የልጅ ክፍል

jedáleň

መመገቢያ ክፍል

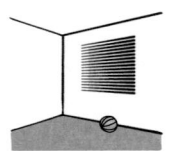

podlaha

መሬ

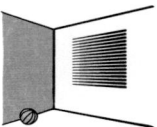

stena

ግድግዳ

strop

ጣሪያ

pivnica

ምድር ቤት

sauna

በእንፋሎት ሙቀት መታጠቢያ
ቤት

balkón

ሰገነት

terasa

ክፍ ያለ መደብ

bazén

የመዋኛ ገንዳ

kosačka

የማጨጃ መኪና

obliečka

አንሶላ

posteľná prikrývka

የአልጋ ልብስ

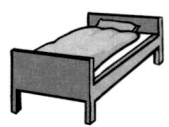

posteľ

አልጋ

metla

መጥረጊያ

vedro

ባልዲ

vypínač

ማብሪያና ማጥፊያ

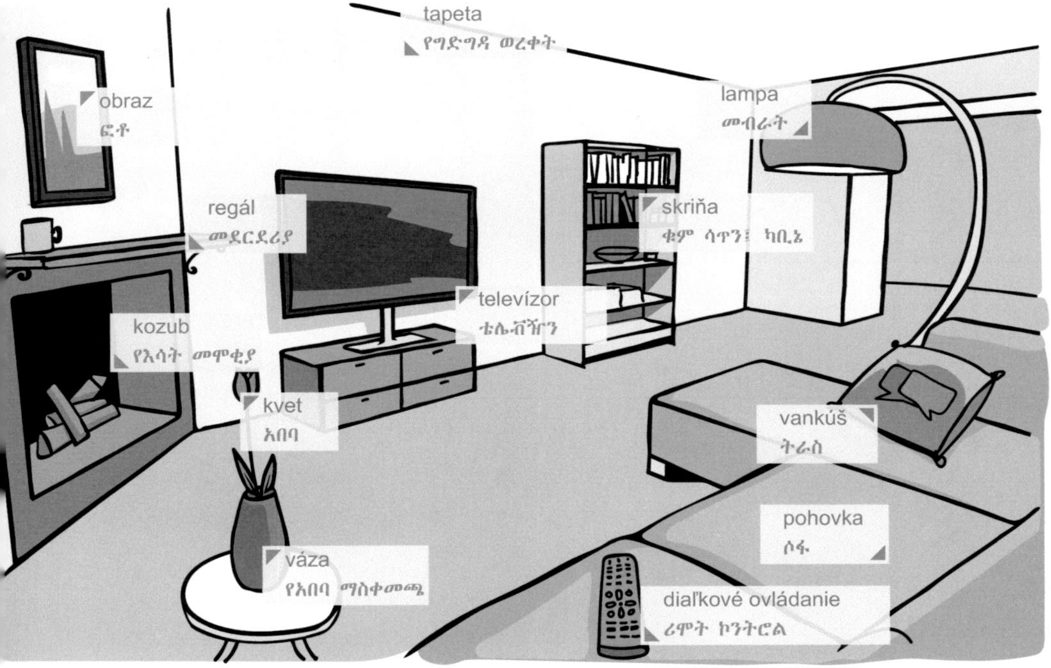

tapeta
የግግግዳ ወረቀት

obraz
ፎቶ

lampa
መብራት

regál
መደርደሪያ

skriňa
ቁም ሳጥን፣ ካቢኔ

kozub
የእሳት መሞቂያ

televízor
ቴሌቭዥን

kvet
አበባ

vankúš
ትራስ

pohovka
ሶፋ

váza
የአበባ ማስቀመጫ

diaľkové ovládanie
ሪሞት ኮንትሮል

koberec

ንጣፍ

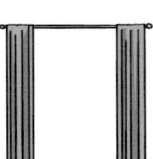

záclona

መጋረጃ

stôl

ጠረጴዛ

stolička

ወንበር

hojdacie kreslo

ተወዛዋዥ ወንበር

kreslo

ባለመደገፊያ ወንበር

kniha

መጽሐፍ

prikrývka

ብርድ ልብስ

dekorácia

ጌጥ

drevo na kúrenie

ማገዶ

film

ፊልም

hi-fi veža

የሙዚቃ መጫጫወቻ

kľúč

ቁልፍ

noviny

ጋዜጣ

maľba

ስዕል

plagát

የተለጠፈ ማስታወቂያ እንደ ስዕል

rádio

ራዲዮ

zápisník

ማስታወሻ ደብተር

vysávač

የአየር ማፅጃ ለምንጣፍ

kaktus

ቁልቁል

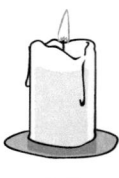

sviečka

ሻማ

kuchyňa
ማድቤት

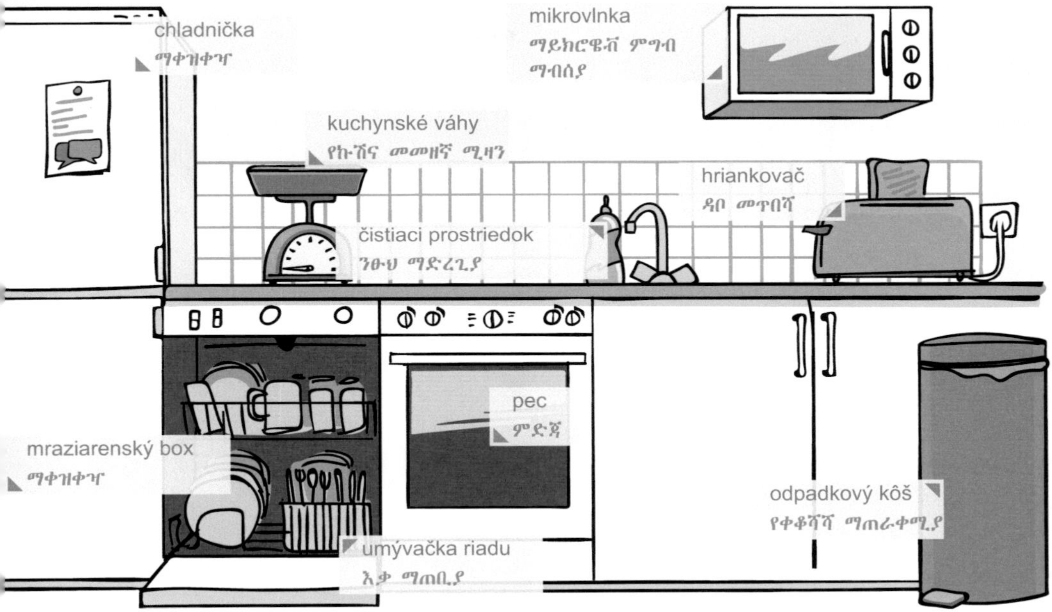

chladnička
ማቀዝቀዣ
mikrovlnka
ማይክሮዌቭ ምግብ ማብሰያ
kuchynské váhy
የኩሽና መመዘኛ ሚዛን
hriankovač
ዳቦ መጥበሻ
čistiaci prostriedok
ንፁህ ማድረጊያ
pec
ምድጃ
mraziarenský box
ማቀዝቀዣ
odpadkový kôš
የቆሻሻ ማጠራቀሚያ
umývačka riadu
እቃ ማጠቢያ

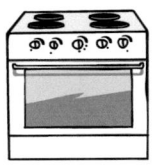

sporák

ምግብ አብሳይ

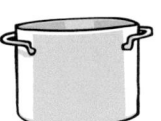

hrniec

ማሰሮ

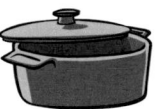

železný hrniec

የብረት ማሰሮ

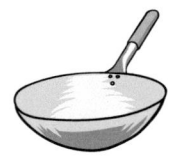

wok / kadai

ምግብ ማብሰያ ዝርግ ድስት

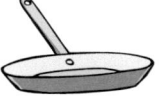

panvica

የምግብ መጥበሻ

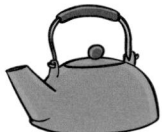

rýchlovarná kanvica

ማንቆርቆሪያ

parný hrniec

የእንፋሎት ማብሰያ

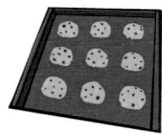

plech na pečenie

የመጋገሪያ ትሪ

riad

ሰብስቦች

pohár

ትልቅ ኩባያ

misa

ጎድጓዳ ሳህን

paličky

ቾፕስቲክስ

naberačka na polievku

ጭልፋ

stierka

መስቀስቂያ ዝርግ ማንኪያ

metlička

ማደባለቂያ

cedidlo

መወጠሪያ

sitko

ወንፊት

strúhadlo

መፈርፈሪያ መሳሪያ

mažiar

ሲሚንቶ

gril

የፍም ጥብስ

ohnisko

የተለቀቀ እሳት

36

kuchyňa - ማድቤት

doska na krájanie

መከተፊያ

valček na cesto

ተንሽራታች መርፈ

vývrtka

የጠርሙስ መከፈቻ

konzerva

ጣሳ

otvárač na konzervy

የጣሳ መክፈቻ

chňapka

የማስሮ መሻፈኛ

výlevka

ሳህን ማጠቢያ

kefa

ብሩሽ

hubka

ስፖንጅ

mixér

መደባለቂያ መሳሪያ

mraznička

በጣም ማቀዝቀዣ

kojenecká fľaša

ጡጦ

vodovodný kohútik

ቧንቧ

kúpeľňa

መታጠቢያ ቤት

kúrenie
ማሞቂያ
uterák
ፎጣ
pena do kúpeľa
የአረፋ መታጠቢያ
sprcha
መታጠቢያ
sprchový záves
የመታጠቢያ ቤት መጋረጃ
vaňa
የመታጠቢያ ገንዳ
pohár
ብርጭቆ
práčka
የልብስ ማጠቢያ
vodovodný kohútik
ቧንቧ
dlaždice
ማዕዘን ወለል
nočník
ፖፖ
výlevka
ሳህን ማጠቢያ

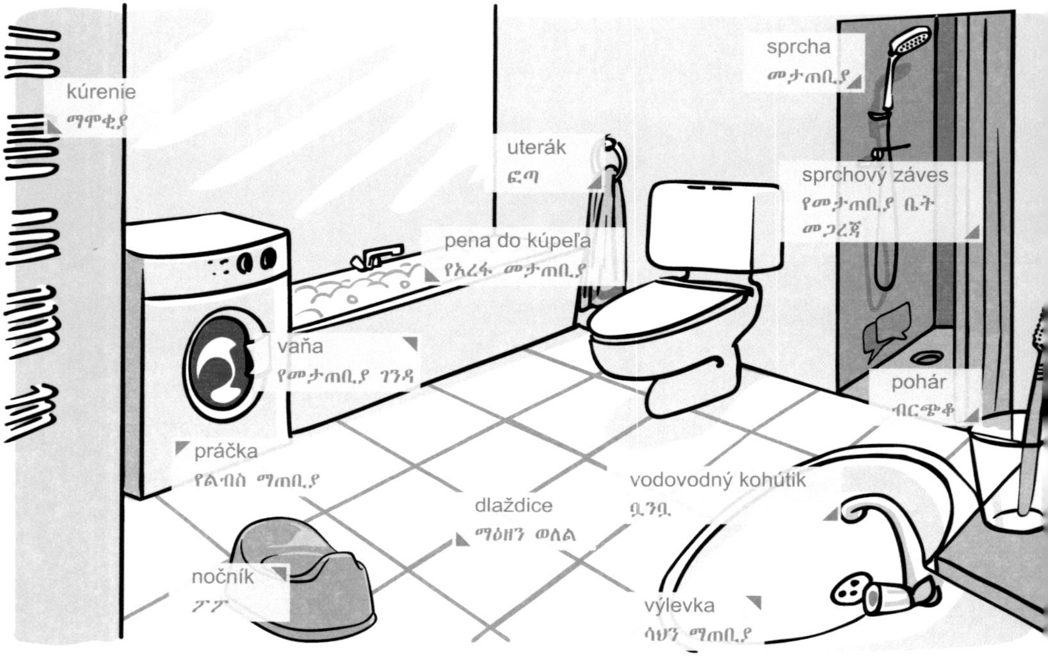

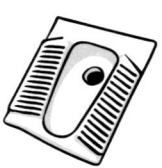

záchod

ሽንት ቤት

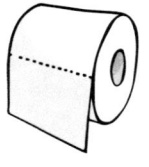

suchý záchod

የሽንት ቤት መቀመጫ

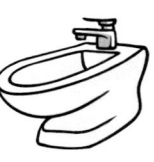

bidet

ሳፋ

pisoár

የመንገድ ዳር መሽኛ

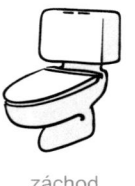

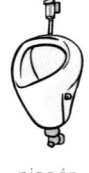

toaletný papier

የሽንት ቤት ወረቀት

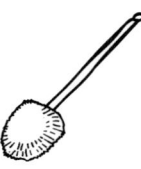

záchodová kefa

የሽንት ቤት ማፅጃ ብሩሽ

zubná kefka

የጥርስ ብሩሽ

zubná pasta

የጥርስ ሳሙና

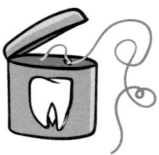

dentálna niť

የጥርስ ማፅጃ ክር

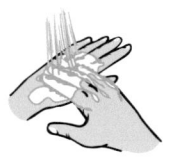

umývať

መታጠብ

ručná sprcha

የእጅ መታጠቢያ

sprcha pre intímnu hygienu

መታጠቢያ

umývadlo

ጎድንዳ ሳህን

kefa na chrbát

የጀርባ ብሩሽ

mydlo

ሳሙና

sprchový gél

መታጠቢያ የሚዝለገለግ ሳሙና

šampón

የፀጉር መታጠቢያ ሳሙና

frotírová rukavica

ለስላሳ ጨርቅ

odtok

ፍሳሽ

krém

ክሬም

dezodorant

ጠረን መቀየሪያ ንጥረ ነገር

zrkadlo

መስታወት

kozmetické zrkadlo

የእጅ መስታወት

žiletka

ምላጭ

pena na holenie

የመላጫ አረፋ

voda po holení

ከመላጨት በኋላ የሚቀባ ሽቱ

hrebeň

ማበጠሪያ

kefa

ብሩሽ

sušič vlasov

የፀጉር ማድረቂያ

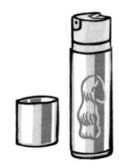

sprej na vlasy

በፀጉር ላይ የሚነፋ

make-up

የፊት መቀባቢያ

rúž

የከንፈር ቀለም

lak na nechty

የጥፍር ቀለም

vata

የጥጥ ሱፍ

nožnice na nechty

ጥፍር መቁረጫ

parfum

ሽቶ

kozmetická taška

ማጠቢያ ባልዲ

stolček

መቀመጫ

váha

ሚዛን

kúpací plášť

የመታጠቢያ ልብስ

gumové rukavice

የላስቲክ ጓንት

tampón

ሞዴስ

menštruačná vložka

የዕዳት ፎጣ

chemické WC

የሽንት ቤት ኬሚካል

detská izba

የልጅ ክፍል

budík
የማንቂያ ደዉል ሰዐት
plyšová hračka
የህፃን አሻንጉሊት
hračkárske auto
የመጫወቻ መኪና
hrkálka
ማንገጫገጫ
መጫወቻ
domček pre bábiky
የአሻንጉሊት ቤት
dar
ስጦታ

balón

ፊኛ

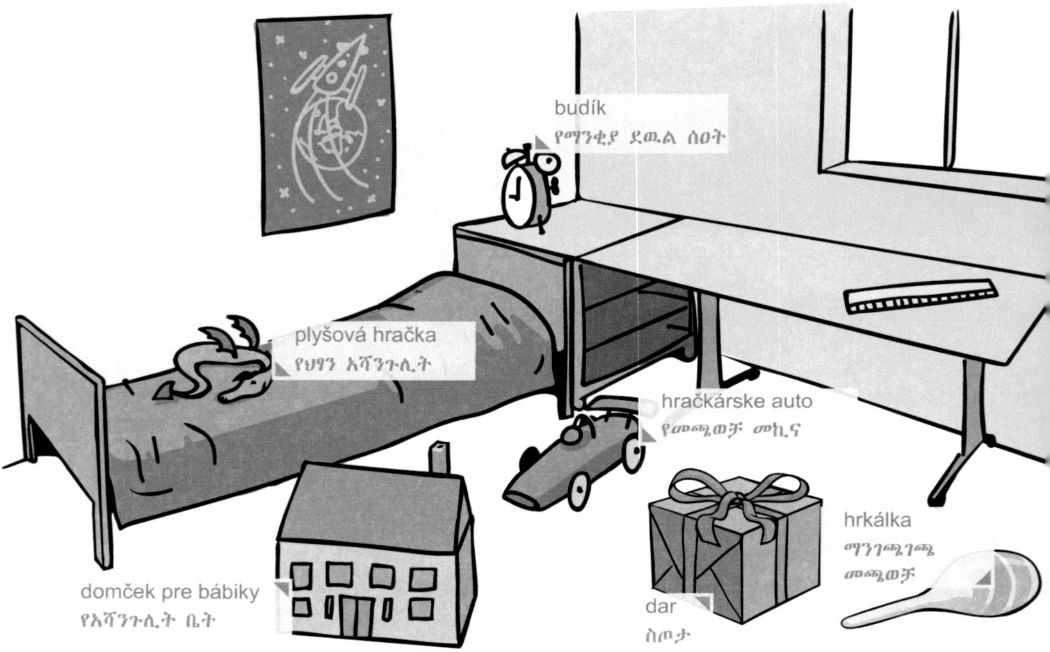

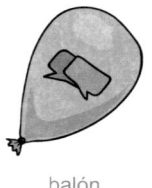

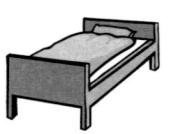

posteľ

አልጋ

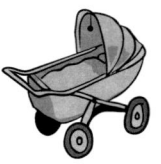

detský kočík

የህፃን ማንሸራሸሪያ ጋሪ

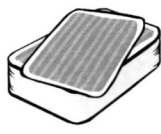

karty

የካርታ መጫወቻ

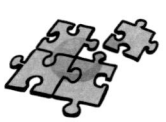

puzzle

ቁርጥራጭ ምስሎችን የማገጣጠም
እና ምስል የማግኘት ጨዋታ

SUPER
MEGA

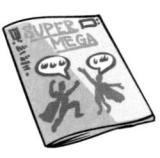

komix

አዝናኝ

skladačka lego

ተገጣጣሚ መጫወቻ

stavebnica

የመጫወቻ መገጣጠሚያዎች

akčná postavička

የድርጊት ምስል

dupačky

የህፃን እድገት

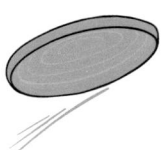

lietajúci tanier

የፕላስቲክ መጫወቻ ዝርግ ሰሀን

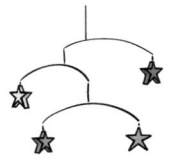

závesné hračky

ተወዛዋዥ የህፃን ማጫወቻ

stolová hra

የሰሌዳ ጨዋታ

kocka

የመጫወቻ ጠጠር

modelový vláčik

የመጫወቻ ባቡር

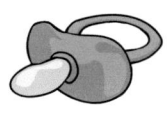

cumlík

የእንጀራ እናት ጡጦ

párty

ድግስ

obrázková kniha

የስዕል መፅሀፍ

lopta

ኳስ

bábika

አሻንጉሊት

hrať sa

መጫወት

pieskovisko

የአሸዋ መጫወቻ

hojdačka

ኑዋኑዌ

hračky

መጫወቻዎች

hracia konzola

የቪዲዮ መጫወቻ

trojkolka

ባለ ሶስት ጎማ ብስክሌት

medvedík

የአሻንጉሊት ድብ

šatník

ቁምሳጥን

ponožky

ካልሲዎች

pančuchy

ስቶኪንጎች

pančuchové nohavičky

ታይት

šál
የአንገት ልብስ

opasok
ቀበቶ

dáždnik
ዣንጥላ

tričko
ክናቴራ

čižmy
ቦቲ

papuče
የቤት ዉስጥ ነጠላ
ጫማ

tenisky
ስኒከሮች

sandále

ነጠላ ጫማዎች

topánky

ጫማዎች

gumáky

የዝናብ ቡትስ

spodky

ሙታንታ

podprsenka

ጡት መያዣ

tielko

ሰደርያ

body

ሰዉነት

nohavice

ሱሪዎች

džínsy

ጅንስ

sukňa

ጉርድ ቀሚስ

blúzka

ሸሚዝ

košeľa

ሸሚዝ

pulóver

የሚጠለቅ ሹራብ

sveter

ሹራብ

blejzer

ዩኒፎርም ጃኬት

bunda

ጃኬት

kabát

ኮት

pršiplášť

የዝናብ ኮት

kostým

ልብስ

šaty

ቀሚስ

svadobné šaty

የሙሽራ ቀሚስ

oblek

ሱፍ

nočná košeľa

የለሊት ልብስ

pyžamo

የለሊት ልብስ

sari

ሪጅም ቀሚስ

šatka na hlavu

ሂጃብ

turban

ጥምጣም

burka

ቡርቃ

kaftan

ሸርጥ

abaja

አባያ

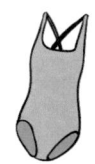

dvojdielne plavky

የዋና ልብስ

plavky

አጭር ቁምጣ

šortky

ቁምጣዎች

teplákova súprava

የስራ ቱታ

zástera

ሸርጥ

rukavice

ጓንት

gombík

ቁልፍ

okuliare

መነፅር

náramok

አምባር

retiazka

የአንገት ሀብል

prsteň

ቀለበት

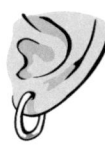

náušnica

የጆሮ ጌጥ

čiapka

ኮፍያ

vešiak

የኮት መስቀያ

klobúk

ኮፍያ

kravata

ከረባት

zips

ዚፕ

prilba

የብረት ቆብ

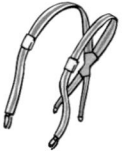

traky

መደገፊያ

školská uniforma

የትምህርት ቤት የደንብ ልብስ

uniforma

የደንብ ልብስ

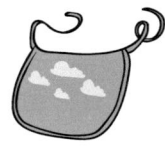

podbradník

መሃረብ

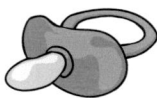

cumlík

የእንጀራ እናት ጡጦ

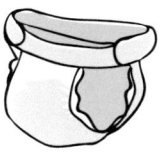

plienka

ሽንት ጨርቅ

kancelária

ቢሮ

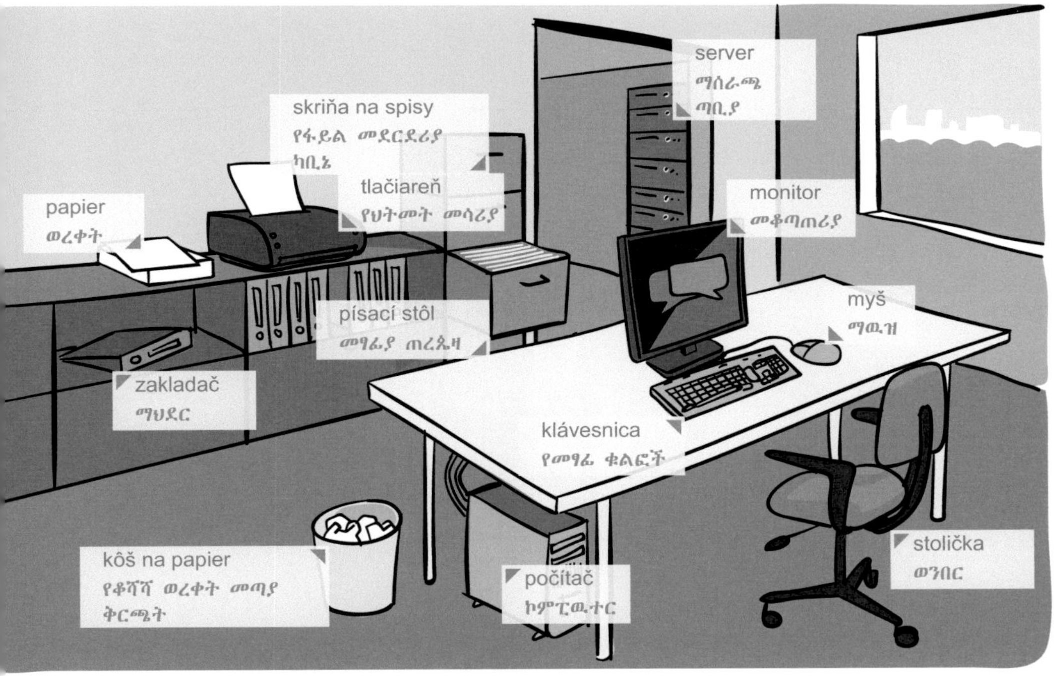
server
ማሰራጫ ጣቢያ
skriňa na spisy
የፋይል መደርደሪያ ካቢኔ
tlačiareň
የህትመት መሳሪያ
papier
ወረቀት
monitor
መቆጣጠሪያ
myš
ማዉዝ
písací stôl
መፃፊያ ጠረጴዛ
zakladač
ማህደር
klávesnica
የመፃፊ ቁልፎች
kôš na papier
የቆሻሻ ወረቀት መጣያ ቅርጫት
počítač
ኮምፒዉተር
stolička
ወንበር

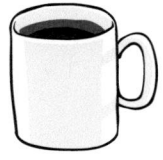

hrnček na kávu

የቡና መጠጫ ትልቅ ኩባያ

kalkulačka

ማስልያ ማሽን

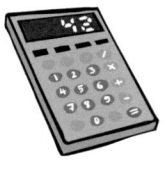

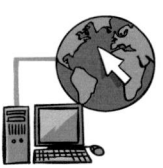

internet

ኢንተርኔት

laptop

ላፕቶፕ

list

ደብዳቤ

správa

መልዕክት

mobil

ተንቀሳቃሽ ስልክ

sieť

የግንኙነት አዉታር

kopírka

ማባዠ ማሽን

softvér

ሶፍትዌር

telefón

ስልክ

elektrická zásuvka

የግድግዳ ሶኬት

fax

የፋክስ ማሽን

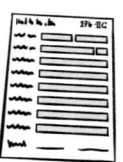

formulár

ቅፅ

doklad

ሰነድ

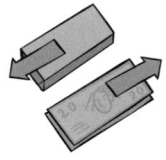

kúpiť

መግዛት

platiť

መክፈል

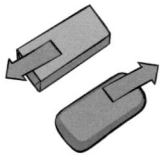

obchodovať

መነገድ

peniaze

ገንዘብ

dolár

ዶላር

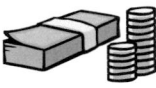

euro

ዩሮ

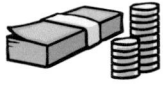

jen

የን

rubeľ

ሩብል

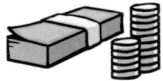

švajčiarsky frank

የስዊዝ ፍራንክ

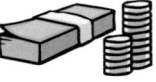

čínsky jüan

ሬንሚንቢ ዩዋን

rupia

ሩጲ

bankomat

የገንዘብ ነጥብ

zmenáreň

የዉጭ ገንዘብ ምንዛሪ ቢሮ

zlato

ወርቅ

striebro

ብር

ropa

ዘይት

energia

ሀይል ፤ ጉልበት

cena

ዋጋ

zmluva

ግንኙነት

daň

ቀረጥ

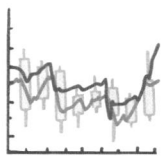

akcia

አክስዮን

pracovať

መስራት

zamestnanec

ተቀጣሪ

zamestnávateľ

ቀጣሪ

továreň

ፋብሪካ

obchod

ሱቅ

policajt
የፖሊስ አባሻር

hasič
የእሳት አደጋ ሰራተኛ

kuchár
ምግብ አብሳይ

lekár
ዶክተር

pilót
አብራሪ

zahradník

አትክልተኛ

stolár

አናጢ

krajčírka

ልብስ ሰፊ ቤት

sudca

ዳኛ

chemik

ቀማሚ

herec

ተዋናይ

vodič autobusu

የአዉቶቢስ ሹፈር

taxikár

የታክሲ ሹፈር

rybár

አሳ አጥማጅ

upratovačka

ፅዳት ሰራተኛ

pokrývač

የጣራ ሰራተኛ

čašník

አስተናጋጅ

poľovník

አዳኝ

maliar

ሰዓሊ

pekár

ጋጋሪ

elektrikár

የኤሌትሪክ ሰራተኛ

stavebný robotník

ገምቢ

inžinier

መሃሃዲስ

mäsiar

ልኳንዳ

klampiar

የቧንቧ ሰራተኛ

poštár

የፖስታ ሰራተኛ

vojak

ወታደር

architekt

መሃንዲስ

pokladník

የሒሳብ ሰራተኛ

kvetinár

አበባ ሻጭ

kaderník

የፀጉር ሰራተኛ

sprievodca

ቲኬት ቆራጭ

mechanik

መካኒክ

kapitán

ካፒቴን

zubár

የጥርስ ሐኪም

vedec

ተመራማሪ

rabín

መምህር

imám

የሙስሊም ሃይማኖታዊ መሪ

mních

መነኩሴ

farár

ካህን

náradie

መሳሪያዎች

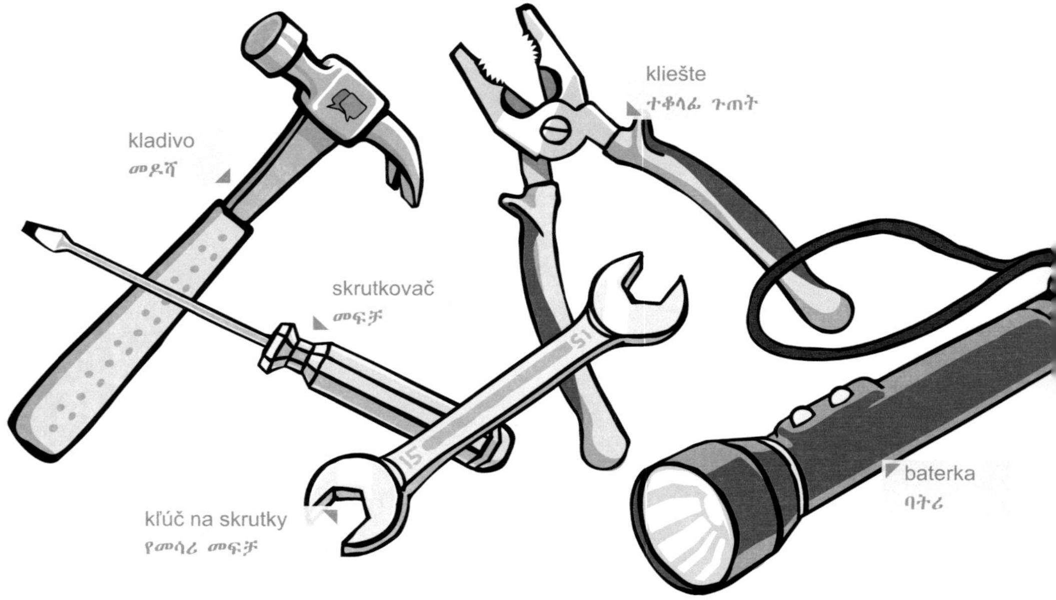
kladivo
መዶሻ
kliešte
ተቆላፊ ጉጠት
skrutkovač
መፍቻ
kľúč na skrutky
የመሳሪ መፍቻ
baterka
ባትሪ

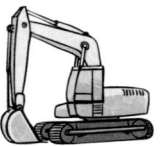

bager

በቁፋሮ የሚዝቅ

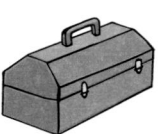

súprava náradia

የመፍቻ ሳጥን

rebrík

መሰላል

pílka

መጋዝ

klince

ምስማር

vrták

መስርሰሪያ

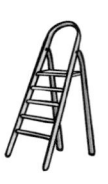

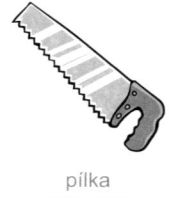

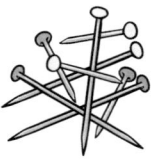

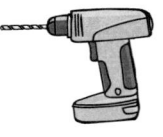

opravit'

መጠገን

lopata

አካፋ

Do čerta!

የተረገመ!

lopatka na smeti

ቆሻሻ ማፈሻ

nádoba s farbou

የቀለም ቆርቆሮ

skrutky

ብሎን

hudobné nástroje
የሙዚቃ መሳሪያዎች

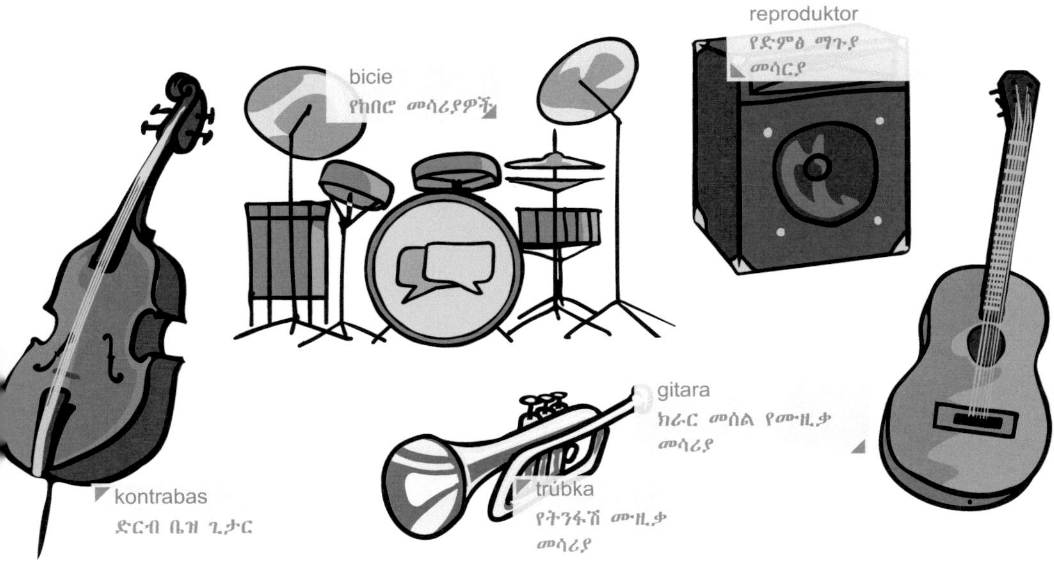

reproduktor
የድምፅ ማጉያ መሳርያ

bicie
የከበሮ መሳሪያዎች

gitara
ክራር መሰል የሙዚቃ መሳሪያ

trúbka
የትንፋሽ ሙዚቃ መሳሪያ

kontrabas
ድርብ ቤዝ ጊታር

klavír

ፒያኖ

husle

ቫዮሊን

basa

ወፍራም፤ ጎርናና ድምፅ ያለዉ ክራር መሰል ሙዚቃ መሳሪያ

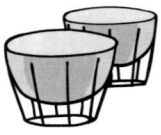

tympany

ነጋሪት

bubon

ከበሮ

klávesnica

በኤሌክትሪክ የሚሰራ ፒኖ

saxofón

የትንፋሽ ሙዚቃ መሳሪያ

flauta

ዋሽንት

mikrofón

የድምፅ ማጉያ

ZOO

የደር እንስሳት ማቆያ

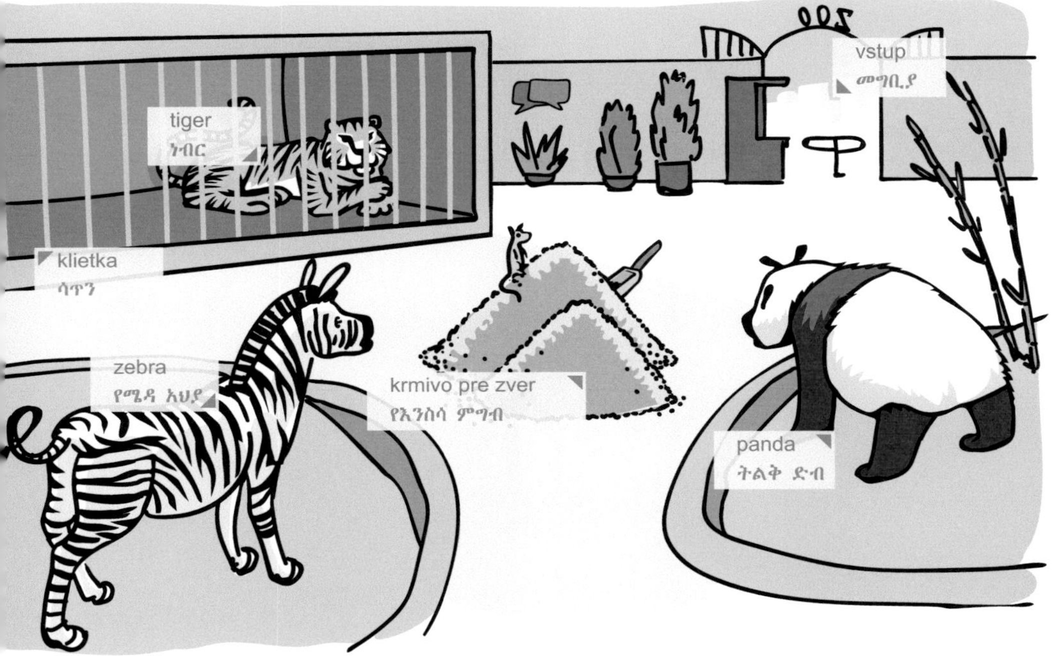

tiger
ነብር
vstup
መግቢያ
klietka
ሳጥን
zebra
የሜዳ አህያ
krmivo pre zver
የእንስሳ ምግብ
panda
ትልቅ ድብ

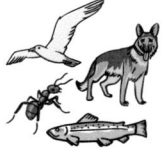

zvieratá

እንስሳቶች

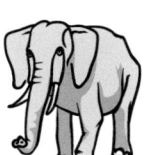

slon

ዝሆን

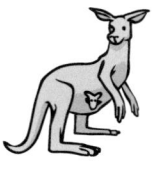

klokan

ካንጋሮ

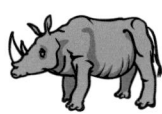

nosorožec

አዉራሪስ

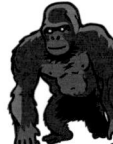

gorila

ትልቅ ዝንጀሮ

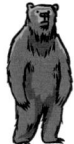

medveď

ድብ

ťava

ግመል

pštros

ሰጎን

lev

አንበሳ

opica

ጦጣ

plameniak

ቅልጥም ረኸም ወፍ

papagáj

በቀቀን

ľadový medveď

የወዋልታ ድብ

tučniak

የዋልታ ወፎች

žralok

ረጅም ጥርሶች ያሉትአሳ ነባሪ

páv

ጣዎስ

had

እባብ

krokodíl

አዞ

ošetrovateľ v ZOO

የዱር አራዊት የሚጠበቁበት
ማቆያን የሚጠብቅ

tuleň

አሳ በሊታ የባህር እንስሳ

jaguár

የዱር ድመት

poník

ድንክ ፈረስ

leopard

ነብር

hroch

ጉማሬ

žirafa

ቀጭኔ

orol

ንስር

diviak

ከርከሮ

ryba

ዐሳ

korytnačka

የባህር ኤሊ.

mrož

የባህር አውሬ

líška

ቀበሮ

gazela

የሜዳ ፍየል ፤ ሚዳቋ

americký futbal
የአሜሪካ እግርኳስ

cyklistika
የብስክሌት ስፖርት

tenis
ቴኒስ

basketbal
የቅርጫት ኳስ

plávanie
ዋና

box
የቡጢ ስፖርት

hokej
የበረዶ ላይ የገና ጨዋታ

futbal

እግር ኳስ

bedminton

የላባ ኳስ ጨዋታ

ľahká atletika

አትሌቲክስ

hádzaná

የእጅ ኳስ ስፖርት

lyžovanie

የበረዶ መንሸራተት ስፖርት

pólo

ፈረስ ግልቢያ

skočiť
መገለል

objať
ማቀፍ

smiať sa
መሳቅ

chodiť
መራመድ

spievať
መዘመር

modliť sa
መፀለይ

pobozkať
መሳም

snívať
ህልም ማለም

písať
መፃፍ

kresliť
መሳል

ukázať
ማሳየት

tlačiť
መግፋት

dať
መስጠት

brať
መዉሰድ

mať

መያዝ

robiť

ማድረግ

byť

መሆን

stáť

መቆም

bežať

መሮጥ

ťahať

መሳብ

hádzať

መወርወር

padnúť

መዉደቅ

ležať

መዋሸት

čakať

መጠበቅ

nosiť

መሸከም

sedieť

መቀመጥ

obliecť sa

መልበስ

spať

መተኛት

zobudiť sa

መንቃት

pozerať

መመልከት

plakať

ማለልቀስ

hladkať

መጫር

česať

ማበጠር

hovoriť

ማዊራት

rozumieť

መረዳት

pýtať sa

ጥያቄ

počuť

ማዳመጥ

piť

መጠጣት

jesť

መብላት

upratať

ማንፃት

milovať

ማፍቀር

variť

ምግብ ማብሰል

jazdiť

መንዳት

letieť

መብረር

plachtiť

መርከብ መንዳት

počítať

ቁጥሮችን ማስላት

čítať

ማንበብ

učiť sa

መማር

pracovať

መስራት

oženiť

ማግባት

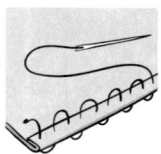

šiť

መስፋት

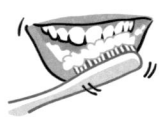

čistiť zuby

ጥርስ መቦረሽ

zabiť

መግደል

fajčiť

ማጨስ

poslať

መላክ

rodina

ቤተሰብ

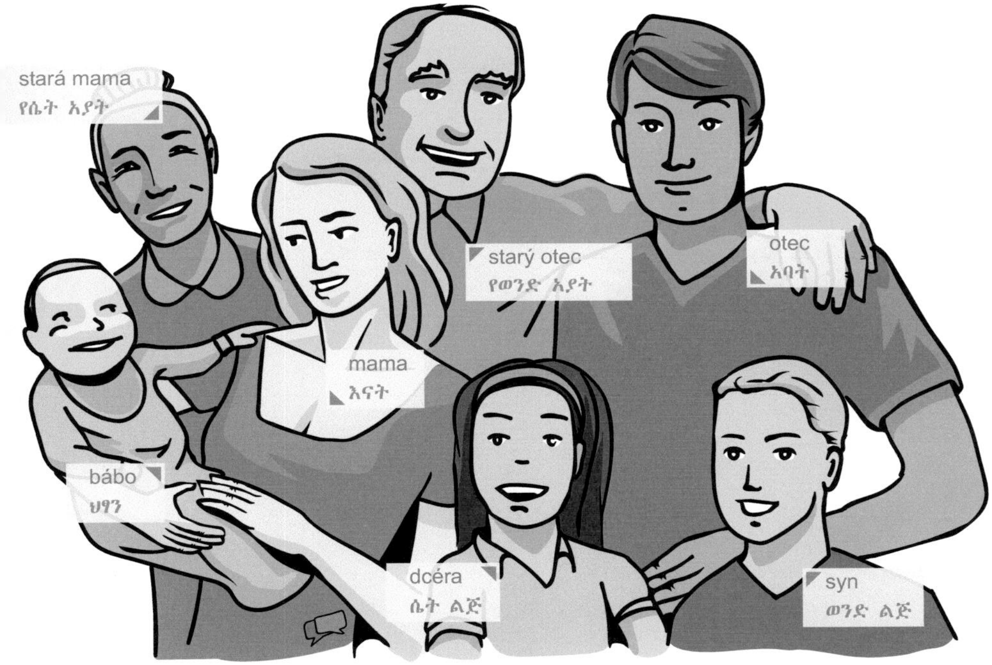

stará mama
የሴት አያት
starý otec
የወንድ አያት
otec
አባት
mama
እናት
bábo
ህፃን
dcéra
ሴት ልጅ
syn
ወንድ ልጅ

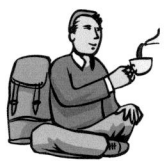

hosť

እንግዳ

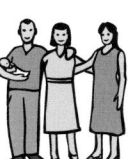

teta

አክስት

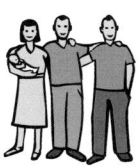

strýko

አጎት

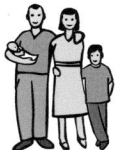

brat

ወንድም

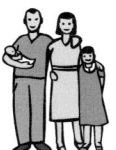

sestra

እህት

telo

አካል

čelo
ግንባር
oko
አይን
plece
ትከሻ
prst
ጣት
tvár
ፊት
brada
አገጭ
ruka
እጅ
hruď
ጡት
noha
እግር
rameno
ክንድ

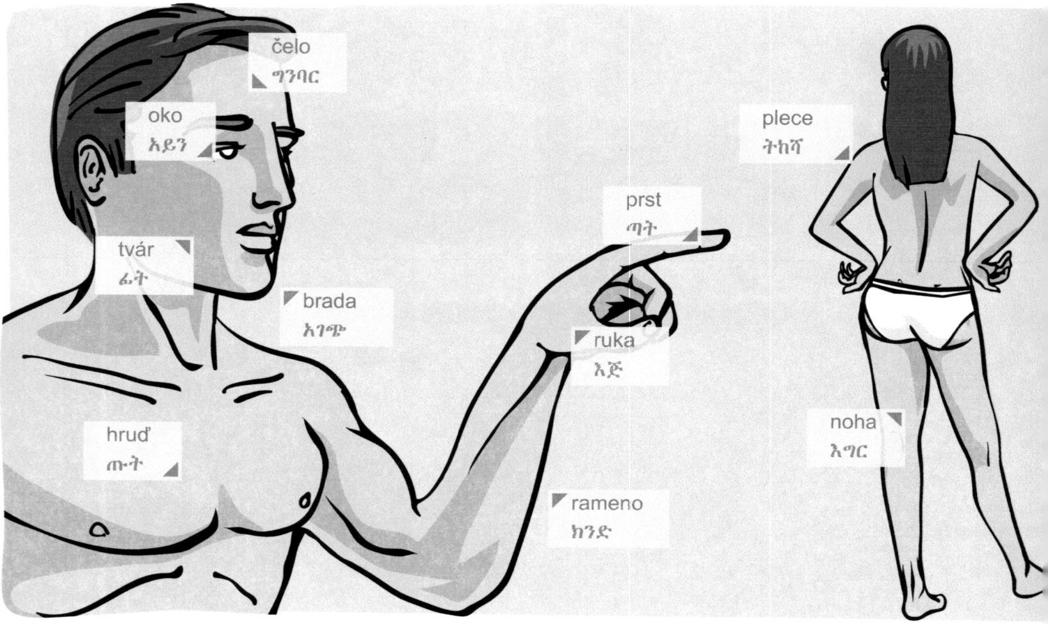

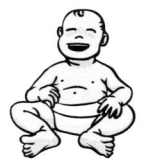

bábo

ህፃን

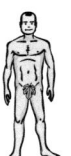

muž

ሰዉ

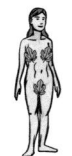

žena

ሴት

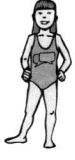

dievča

ልጃገረድ

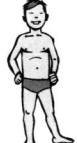

chlapec

ወንድ ልጅ

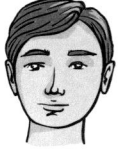

hlava

ራስ

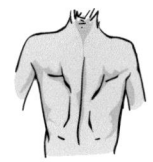

chrbát

ጀርባ

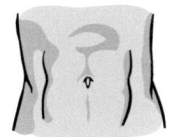

brucho

ሆድ

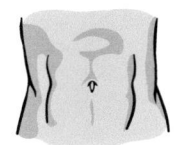

pupok

እምብርት

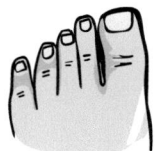

prst na nohe

የእግር ጣት

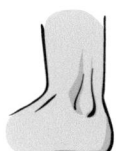

päta

ተረከዝ

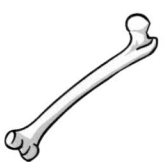

kosť

አጥንት

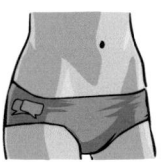

bok

ዳሌ

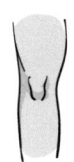

koleno

ጉልበት

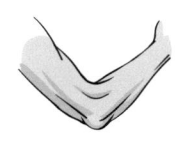

lakeť

ክርን

nos

አፍንጫ

zadok

ቂጥ

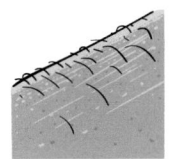

koža

ቆዳ

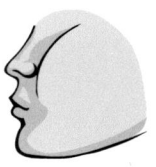

líce

ጉንጭ

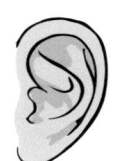

ucho

ጆሮ

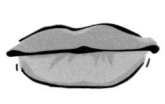

pery

ከንፈር

ústa

አፍ

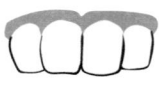

zub

ጥርስ

jazyk

ምላስ

mozog

አንጎል

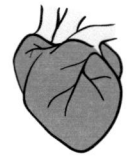

srdce

ልብ

svaly

ጡንቻ

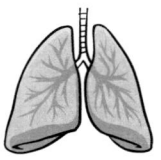

pľúca

ሳምባ

pečeň

ጉበት

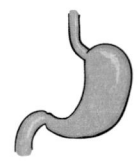

žalúdok

ሆድ

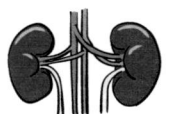

obličky

ኩላሊቶች

pohlavný styk

የግብረስጋ ግንኙነት

kondóm

ኮንዶም

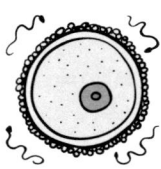

vaječná bunka

የሴት እንቁላል

semeno

የዘር ፈሳሽ

tehotenstvo

እርግዝና

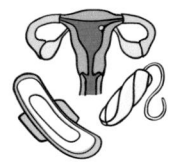

menštruácia

የወር አበባ

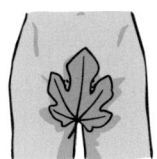

vagína

እምስ

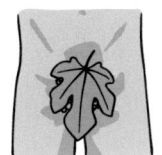

penis

ቁላ

obočie

ቅንድብ

vlasy

ፀጉር

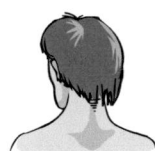

krk

አንገት

nemocnica
ሆስፒታል

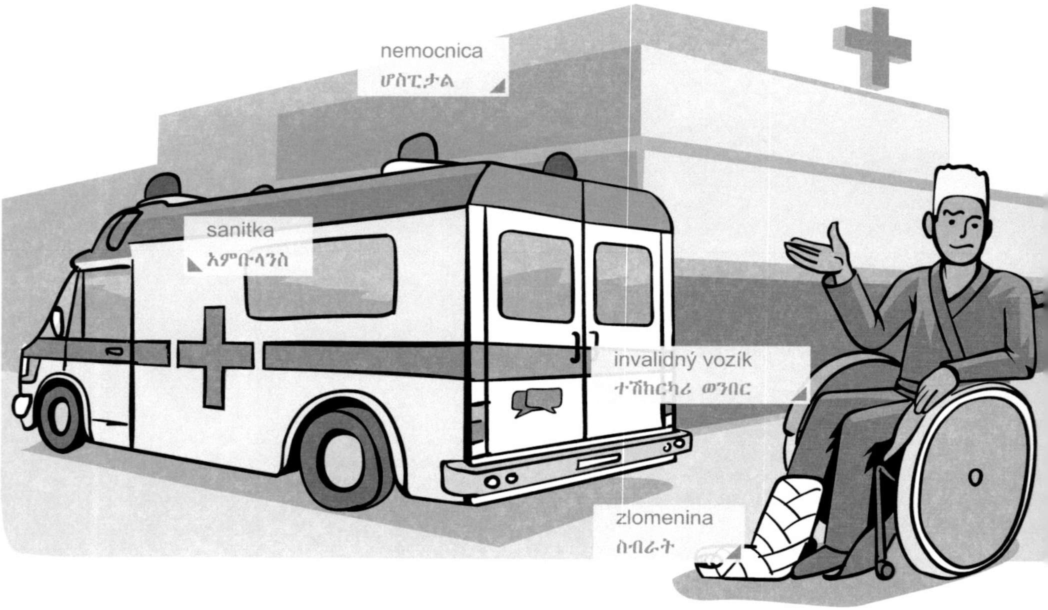

nemocnica
ሆስፒታል
sanitka
አምቡላንስ
invalidný vozík
ተሽከርካሪ ወንበር
zlomenina
ስብራት

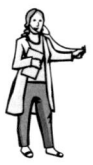

lekár

ዶክተር

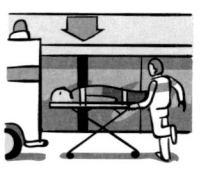

urgentný príjem

ድንገተኛ ክፍል

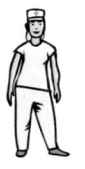

sestrička

ነርስ

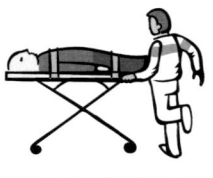

urgentný prípad

ድንገተኛ

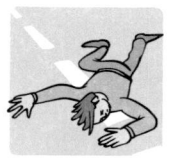

v bezvedomí

ራስን መሳት/ አለማወቅ

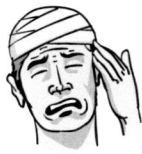

bolesť

ህመም

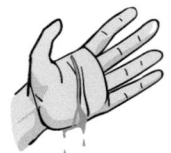

zranenie

ጉዳት

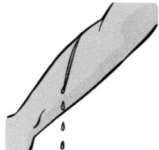

krvácanie

መድማት

srdcový infarkt

የልብ ድካም

mozgová porážka

ስትሮክ

alergia

አለርጂ

kašeľ

ሳል

teplota

ትኩሳት

chrípka

ኢንፍሉዌንዛ

hnačka

ተቅማጥ

bolesť hlavy

የራስ ምታት

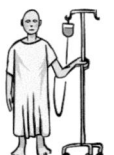

rakovina

ካንሰር

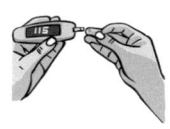

cukrovka

የስኳር በሽታ

chirurg

ቀዶ ጠጋኝ ሐኪም

skalpel

የቀዶ ጥገና ስለት

operácia

ቀዶ ጥገና

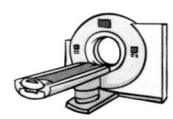

CT

ሲ.ቲ

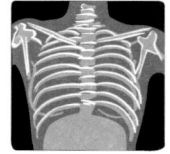

RTG

ኤክስሬይ

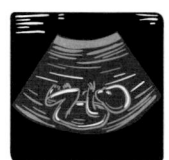

ultrazvuk

አልትራሳዉንድ

maska

የፊት ጭምብል

choroba

በሽታ

čakáreň

መጠበቂያ ክፍል

barla

ምርኩዝ

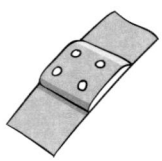

náplasť

የቁስል ማሸጊያ

obväz

ፋሻ

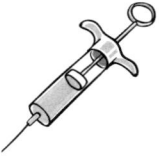

injekcia

መርፌ

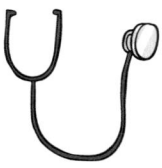

fonendoskop

የልብ ምት ማዳመጫ መሳሪያ

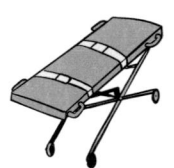

nosidlá

የበሽተኛ አልጋ

teplomer

የህክምና ሙቀት መለኪያ መሳሪያ

pôrod

መውለድ

nadváha

ከልክ ያለፈ ክብደት

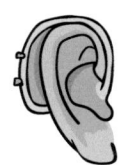

audiofón

ለመስማት የሚረዳ መሳሪያ

dezinfekčný prostriedok

ፀረ ተባይ መድሀኒት

infekcia

ማመርቀዝ

vírus

ቫይረስ

HIV / AIDS

ኤች አይቪ ኤድስ

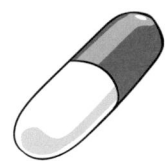

medicína

ህክምና

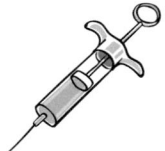

očkovanie

ክትባት

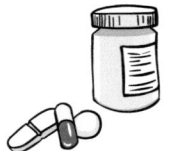

tabletky

ኪኒን

antikoncepčná pilulka

ኪኒን

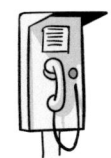

tiesňové volanie

አስቸኳይ የስልክ ጥሪ

tlakomer

ደም ግፊት መቆጣጠሪያ

chorý / zdravý

ህመም/ ጤንነት

Pomoc!

እርዳታ!

alarm

ማንቂያ ደዉል

prepad

ጥቃት

útok

ድብደባ

nebezpečenstvo

አደጋ

núdzový východ

የድንገተኛ መዉጫ

Horí!

እሳት!

hasičský prístroj

እሳት ማጥፊያ

nehoda

አደጋ

kufrík prvej pomoci

የመጀመሪያ እርዳታ መድሃኒት መያዣ

SOS

ነፍስ አድን

polícia

ፖሊስ

Európa

አዉሮፓ

Severná Amerika

ሰሜን አሜሪካ

Južná Amerika

ደቡብ አሜሪካ

Afrika

አፍሪካ

Ázia

እስያ

Austrália

አዉስትራሊያ

Atlantický oceán

አትላንቲክ

Tichý oceán

ፓስፊክ

Indický oceán

የህንድ ዉቅያኖስ

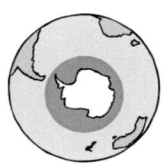

Južný oceán

አንታርክቲክ ዉቅያኖስ

Severný ľadový oceán

አርክቲክ ዉቅያኖስ

Severný pól

ሰሜን ዋልታ

Južný pól

ደቡብ ዋልታ

Antarktída

አንታርክቲካ

Zem

ምድር

krajina

መሬት

more

ባህር

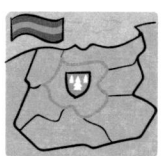

ostrov

ደሴት

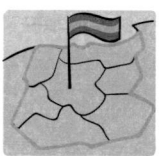

národ

አገርና ሀዝብ

štát

መንግስት

ciferník

የሰዓት ገፅታ

hodinová ručička

ሰዓት

minútová ručička

ደቂቃ

sekundová ručička

ሴኮንድ

Koľko je hodín?

ስንት ሰዓት ነው?

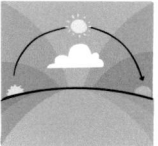

deň

ቀን

čas

ጊዜ

teraz

አሁን

digitálne hodiny

የቁጥር ሰዓት

minúta

ደቂቃ

hodina

ሰዓታት

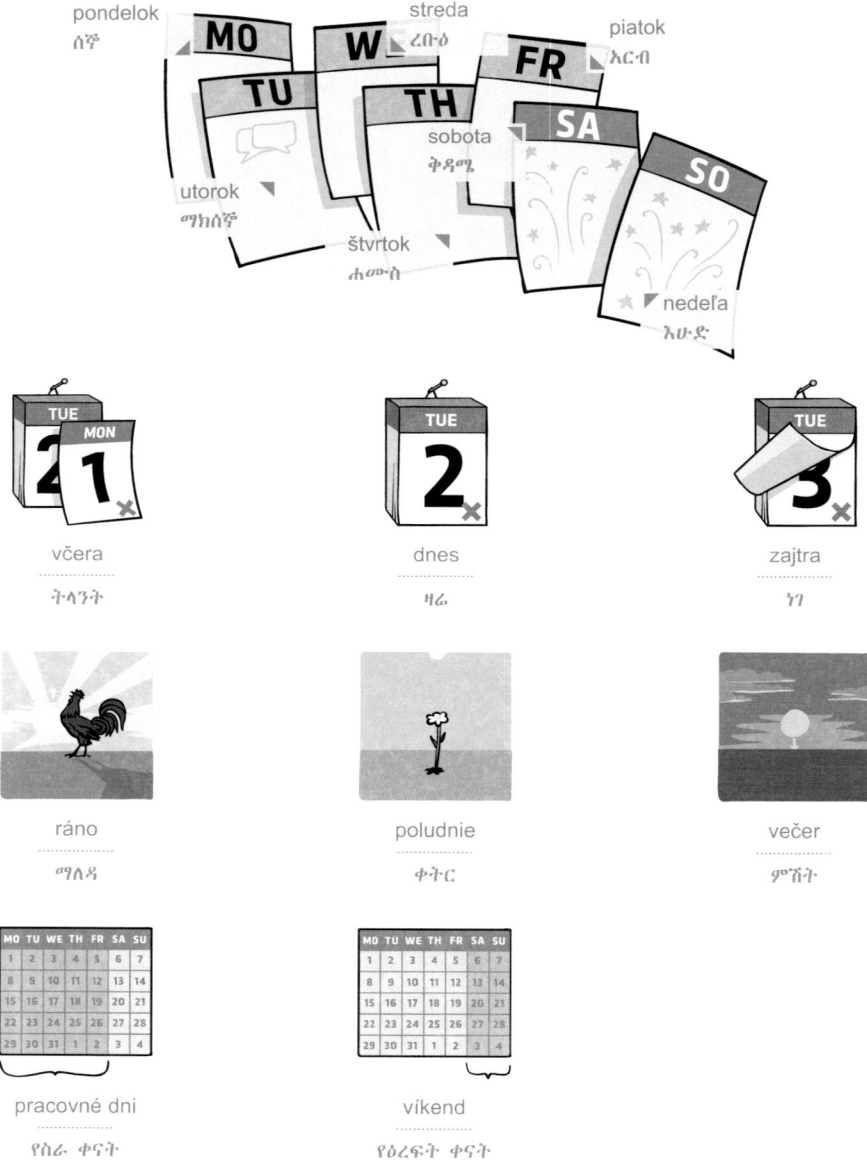

pondelok
ሰኞ

streda
ረቡዕ

piatok
ዓርብ

utorok
ማክሰኞ

štvrtok
ሐሙስ

sobota
ቅዳሜ

nedeľa
እሁድ

včera
ትላንት

dnes
ዛሬ

zajtra
ነገ

ráno
ማለዳ

poludnie
ቀትር

večer
ምሽት

MO	TU	WE	TH	FR	SA	SU
1	2	3	4	5	6	7
8	9	10	11	12	13	14
15	16	17	18	19	20	21
22	23	24	25	26	27	28
29	30	31	1	2	3	4

pracovné dni
የስራ ቀናት

MO	TU	WE	TH	FR	SA	SU
1	2	3	4	5	6	7
8	9	10	11	12	13	14
15	16	17	18	19	20	21
22	23	24	25	26	27	28
29	30	31	1	2	3	4

víkend
የዕረፍት ቀናት

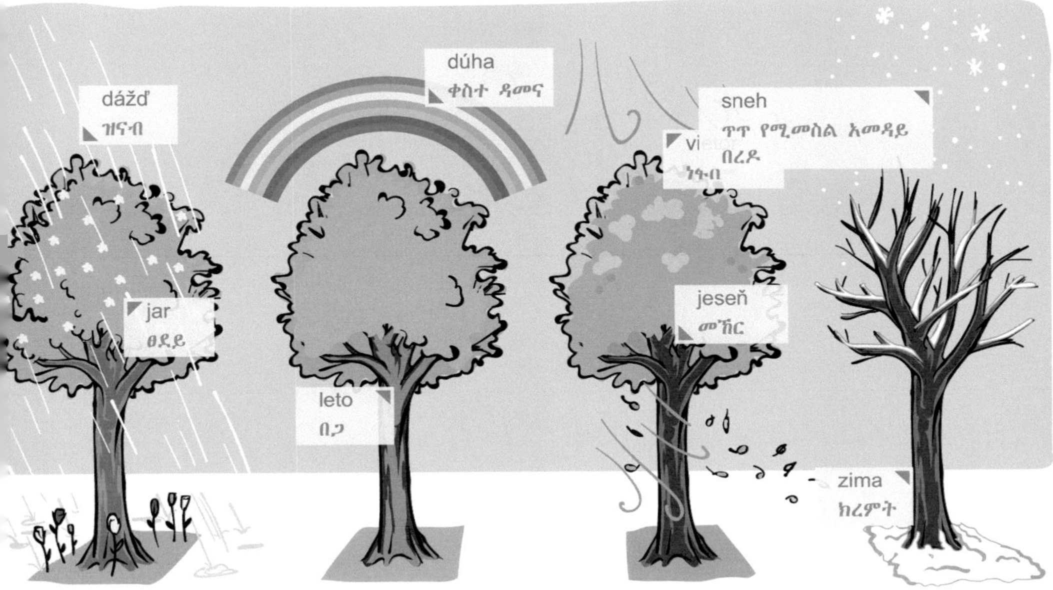

dážď
ዝናብ

dúha
ቀስተ ዳመና

sneh
ጥጥ የሚመስል አመዳይ
በረዶ

vi...
ንፋስ

jar
ፀደይ

jeseň
መኽር

leto
በጋ

zima
ክረምት

predpoveď počasia
የአየር ሁኔታ ትንበያ

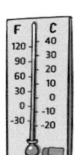

teplomer
የሙቀት መለኪያ

slnečný svit
የፀሀይ ሙቀት

oblak
ደመና

hmla
ጭጋግ

vlhkosť vzduchu
እርጥበታማነት

blesk

መብረቅ

hrom

ነጎድጓድ

búrka

አዉሎ ንፋስ

krúpy

የበረዶ ዝናብ

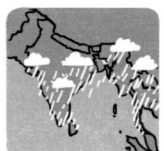

monzún

አዉሎ ንፋስ

záplava

ጎርፍ

ľad

በረዶ

január

ጥር

február

የካቲት

marec

መጋቢት

apríl

ሚያዚያ

máj

ግንቦት

jún

ሰኔ

júl

ሐምሌ

august

ነሀሴ

september

መስከረም

október

ጥቅምት

november

ህዳር

december

ታህሳስ

tvary
ቅርዮች

kruh

ክብ

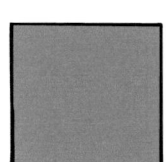

štvorec

አራት ማዕዘን

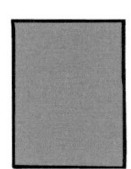

obdĺžnik

አራት ቀጥተኛ ማዕዘኖች ጎኖች
ያሉት ቅርፅ

trojuholník

ሶስት ማዕዘን

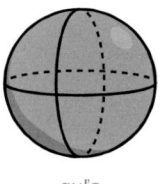

guľa

ሉል

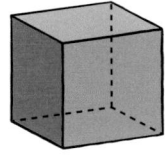

kocka

ስድስት ጎን ያለዉ ቅርፅ

biela

ነጭ

žltá

ቢጫ

oranžová

ብርቱካናማ

ružová

ሮዝ

červená

ቀይ

fialová

ወይን ጠጅ

modrá

ሰማያዊ

zelená

አረንጓዴ

hnedá

ቡኒ

šedá

ግራጫ

čierna

ጥቁር

veľa / málo

ብዙ/ ጥቂት

zúrivý / pokojný

ንዴት/ እርጋታ

pekný / škaredý

ቆንጆ/ አስቀያሚ

začiatok / koniec

ጅማሬ/ ፍፃሜ

veľký / malý

ትልቅ/ ትንሽ

svetlý / tmavý

ደማቅ/ ደብዛዛ

brat / sestra

ወንድም/ እህት

čistý / špinavý

ንፁህ/ ቆሻሻ

úplný / neúplný

የተሟላ/ ያልተሟላ

deň / noc

ቀን/ ምሽት

mŕtvy / živý

የሞተ/ ህያዉ

široký / úzky

ሰፊ/ ጠባብ

chutný / nechutný

የሚበላ/ የማይበላ

zlostný / láskavý

ክፉ/ ደግ

vzrušený / unudený

ደስተኛ/ ድብርተኛ

tlstý / chudý

ወፍራም/ ቀጭን

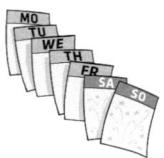

prvý / posledný

መጀመርያ/ መጨረሻ

priateľ / nepriateľ

ጎደኛ/ ጠላት

plný / prázdny

ሙሉ/ ጎዶሎ

tvrdý / mäkký

ጠንካራ/ ለስላሳ

ťažký / ľahký

ከባድ/ ቀላል

hlad / smäd

ረሃብ/ ጥማት

chorý / zdravý

ህመም/ ጤንነት

nelegálny / legálny

ህገወጥ/ ህጋዊ

inteligentný / hlúpy

ጎበዝ/ ደደብ

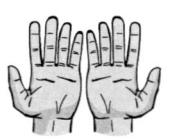

vľavo / vpravo

ግራ/ ቀኝ

blízko / ďaleko

ቅርብ/ ሩቅ

nový / použitý

አዲስ/ አሮጌ

nič / niečo

ምንም/ የሆነ ነገር

starý / mladý

ሽማግሌ/ ወጣት

zapnuté / vypnuté

የበራ/ የጠፋ

otvorené / zatvorené

ክፍት/ ዝግ

tichý / hlasný

ፀጥታ/ ጫጫታ

bohatý / chudobný

ሃብታም/ ደሃ

správne / nesprávne

ትክክለኛ/ የተሳሳተ

drsný / hladký

ሻካራ/ ለስላሳ

smutný / šťastný

ሐዘን/ ደስታ

krátky / dlhý

አጭር/ ረዥም

pomaly / rýchlo

ዝግተኛ/ ፈጣን

mokrý / suchý

እርጥብ/ ደረቅ

teplý / studený

ሞቃት/ ቀዝቃዛ

vojna / mier

ጦርነት/ ሰላም

0

nula

ዜሮ

1

jeden

አንድ

2

dva

ሁለት

3

tri

ሶስት

4

štyri

አራት

5

päť

አምስት

6

šesť

ስድስት

7

sedem

ሰባት

8

osem

ስምንት

9

deväť

ዘጠኝ

10

desať

አስር

11

jedenásť

አስራ አንድ

12

dvanásť

አስራ ሁለት

13

trinásť

አስራ ሶስት

14

štrnásť

አስራ አራት

15

pätnásť

አስራ አምስት

16

šestnásť

አስራ ስድስት

17

sedemnásť

አስራ ሰባት

18

osemnásť

አስራ ሰስምንት

19

devätnásť

አስራ ዘጠኝ

20

dvadsať

ሃያ

100

sto

መቶ

1.000

tisíc

ሺህ

1.000.000

milión

ሚሊዮን

angličtina

እንግሊዝኛ

americká angličtina

የአሜሪካ እንግሊዝኛ

mandarínska čínština

የቻይና ማንዳሪን

hindčina

ሂንዱ

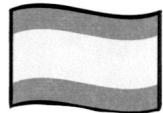

španielčina

ስፓኒሽ

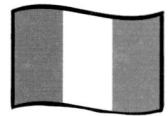

francúzština

ፍሬንች

arabčina

አረብኛ

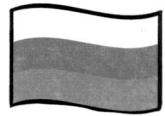

ruština

ራሺያኛ

portugalčina

ፖርቹጊዝ

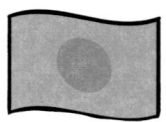

bengálčina

ቤንጋሊ

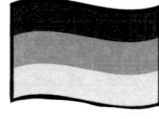

nemčina

ጀርመን

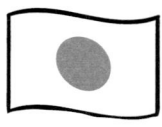

japončina

ጃፓንኛ

ja

እኔ

ty

አንተ

on/ona/ono

እሱ/ እርሷ/ እቃዉ

my

እኛ

vy

አንተ

oni

እነርሱ

kto?

ማን?

čo?

ምን?

ako?

እንዴት?

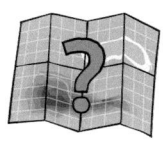

kde?

የት?

kedy?

መቼ?

meno

ስም

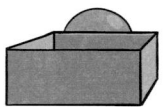

za

በስተጀርባ

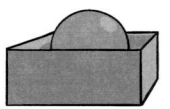

v

ዉስጥ

pred

ከፊት ለፊት

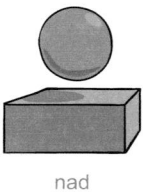

nad

ከላይ

na

ላይ

pod

ከስር

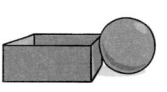

vedľa

አጠገብ

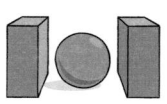

medzi

መሃከል

miesto

ቦታ